인천과 한국전쟁 이야기

한국전쟁 70년, 평화를 묻다

인천과 한국전쟁 이야기

한국전쟁 70년, 평화를 묻다

역사의 길
05

전갑생

글누림

미국자료로 본 인천
–새로운 자료, 새로운 시각

　　한국전쟁기 인천에 관한 필자의 관심은 2016년 캠프 마켓의 유엔군 10부평기지포로수용소 답사과정에서 시작되었다. 인천에 거주하는 시민들은 1953년 송환을 거부한 북한인민군과 중국인민지원군 포로들이 캠프마켓의 부영공원 일내에 짧은 기간 동안 수용된 사실을 얼마나 자세하게 알고 있을까. 포로들이 일제 강점기 미쓰비시의 '줄사택'에 머물다가 인천항에서 대만으로 떠난 것을 아는 인천시민들은 얼마나 될까. 우리 주변에 흩어진 한국전쟁과 관련된 인천의 역사는 한두 가지가 아니다. 부평의 캠프마켓, 미군과 원조물자가 드나들던 인천항뿐만 아니라 전쟁 전후 원조와 재건 역사에 이르기까지 수천수만의 문서, 사진, 영상 자료들이 모두 수집되지 못하고 있다. 이런 자료들은 한국보다 미국에 상당수 소장되어 있다. 아직 미국에 얼마나 많은 인천지역 자료가 남아 있는지, 어느 정도 수집되었는지 자세하게 알 수 없다.

70년 동안 켜켜이 쌓인 자료 더미에서

미국 국립문서기록관리청(NARA Archive Ⅱ, 메릴랜드주 칼리지파크)은 인천을 비롯한 한국 근·현대사 문서, 사진, 영상, 지도 및 도면들을 시기와 주제별로 방대하게 소장하고 있는 연방기관이다. 이곳은 2층 문서, 3층 지도 및 도면, 4층 영상 및 마이크로필름, 5층 사진을 소장하고 있으며 전 세계 여러 나라의 연구자들이 찾아오고 있다. 아카이브 Ⅱ의 기록물 구조와 계열은 다른 국가와 달리 다소 복잡한 거미줄 구조이며 크게 '민간(Civilian)'과 '군(Military)'으로 나눠진다. 두 분류에 따라 기록물은 기록군(Record Group, RG)과 시리즈와 그 시리즈를 나타내는 번호, 상자 번호, 기록철, 건으로 다시 세분화되어 있다.

이번 책에서 소개하는 아카이브 Ⅱ에 소장된 자료들은 한국전쟁기 미군과 국무성을 비롯한 여러 기관에서 생산된 것이다. 수년 동안 국사편찬위원회를 비롯한 몇몇 기관들은 한국전쟁 관련 자료들을 지속적으로 조사·수집하고 있다. 그러나 수집된 자료들에 비해 활용도가 낮았다. 이들 자료는 방대한 분량, 다양한 주제와 어려운 군사용어, 문서마다 각양각색의 형식, 해제와 분석까지 여러 단계를 거쳐야 이해할 수 있었다. 대부분 연구자들은 2층 문서실에서 여러 주제와 관련된 자료들을 조사 및 수집하는데 군 기록물인지 민간 기록물인지에 따라 수집 방법이 다르다. 앞에서 소개한 두 장 사진은 미국 NARA 2층 문서실의 내부 모습이다. 이곳은 '군(Military)'과 '민간(Civilian)'의 기록물을 나눠 전문 기록사와의 상담과 각종 목록집까지 볼 수 있는 공간이다. 이곳은 두 계열의 기록물 신청서를 작성하는 곳이며 각 기록군의 시리즈별 목록을 확인할 수 있다. 각 상자 안에는 단 한 장의 문서부터 수천 장의 문서와 사진, 책자까지 다양하게 담겨 있다. 군사 관련 자료 수집은 모래밭에서 바늘 찾기나 다름없는 작업이었다. 본 글은 그 과정에서 세상 밖으로 나온 자료들을 정리하고 분석해 가능한 쉽게 풀어낸 것이다.

1부 : 전쟁, 어떻게 기억할 것인가
"인명 손실이나 어려움에도 불구하고 최대한 활발하게 공격을 압박했다."
77기동대장 제임스 도일 제독(성조지, 1950. 9. 17)

"공격이나 폭격 : 어떤 수단을 써서든 도시와 마을, 주택과 건물이 보호받지 못한다면 금지되어야 한다."
국제인도법 제25조(1907년 헤이그 평화회의)

월미도 폭격 작전 이후 제임스 헨리 도일(1897~1981)은 폭격 과정에서 민간인이 희생된 것을 정확하게 인지하고 있었다. 그는 1차 세계대전부터 시작해 한국전쟁을 끝으로 퇴역했으며 민간인과 그 구역에 폭격과 공격을 금지한 제네바협약(1949)과 국제인도법을 너무나 잘 알고 있는 '전쟁 영웅'이었다. 월미도 작전에서 최우선은 민간인보다 작전의 성공이었다. 1950년 8월 28일부터 9월 6일까지 극동총사령부와 극동공군은 인천상륙작전 관련 작전계획서에 월미도의 민간인 예상 피해 등을 구체적으로 언급하지 않고 있다. 이 계획서에 인천 시내의 '전술폭격'을 언급했지만 실제 '융단폭격'과 기총소사가 전개되었다. 결국 민간인 지역에서 피해가 급증한 이유라고 하겠다. 미국 자료는 인천상륙작전에서 배제된 월미도 주민들의 피해 상황 등을 직간접적으로 담고 있다. 특히 월미도와 인천에 폭격이 어떻게 전개되었는지, 미군에서 폭격 피해를 어떻게 조사했는지를 집중적으로 살펴보고자 했다.

이 책의 1부 1장에는 전쟁 발발 직후 북한지역 피난민의 유입과 주한미국인의 대피과정, 돌아온 피난민들의 원조와 구호 등을 살펴보고자 했다. 원조와 구호는 1950년 12월부터 1953년 3월까지 주한유엔군민간원조사령부 경기도와 인천팀에서 작성한 〈주간보고서〉, 〈반월간보고서〉, 〈월간보고서〉에서 인천시의 행정기관 상황, 보건, 복지, 노동 등 여러 주제를 선별해 분석하고자 했다. 2장에는 좌우에서 자행한 민간인 학살과 폭격의 피해 등을 꼼꼼하게 살피고자 했다. 전쟁 초기 민간인 학살 사건은 인천소년형무소, 동인천경찰서 유치장 외에 여러 지역에서 산발적으로 발생했다. 미국 자료에서 동인천경찰서 유치장 집단학살과 보도연맹원 학살 사건을 관련 문서, 사진 등을 활용해 분석했다.

앞에서도 언급한 미공군의 월미도 및 인천 시내 폭격 사건은 미5공군 예하 비행단들의 전문과 극동사령부 전문 등에서 확인했다. 이들 문서는 월미도와 인천 시내에서 B-29를 비롯한 경폭격기를 동원해 네이팜탄까지 사용했다는 것을 적시하고 있다.

2부는 인천지역의 포로수용소와 미군기지 그리고 재건 등을 집중적으로 재조명하고자 했다. 3장은 인천상륙작전 직후 월미도 포로 집결소와 2인천임시포로수용소, 10부평기지포로수용소 등을 국내 공개되지 않은 미군 자료들을 토대로 재구성했다. 1950년 9월 15일부터 1953년 7월 3일까지 인천지역에 개설된 포로수용소 현황, 포로인원, 주요한 사건까지 상세하게 다루고자 했다. 1953년 4월과 8월 사이 인천항에 도착한 포로들이 파주 문산리 임시포로수용소와 판문점에 이송되었다. 이 장은 미국에서 수집한 사진들로 재구성했다. 4장과 5장은 인천에 설립된 미군기지와 주요 사건, 1950년대 말부터 인천의 재건 사업들이 어떻게 전개되었는지를 살펴보고자 했다. 1955년 미8군사령부가 한국 내 미군기지 재편에 따라 부평기지를 비롯해 여러 곳에 기지를 확장하고자 했다. 이 장은 인천항만사령부와 부평기지가 인천지역의 정치, 사회, 경제, 노동 분야까지 어떤 영향력을 미쳤는지, 미군 기지에 고용된 한국인 노동조합 활동 등을 통해 알려지지 않은 인천의 '흑역사'를 다루고 있다.

광범위한 미군 자료 속에서

이 책에 나오는 주요한 내용은 아카이브 II에 소장된 미군의 문서, 사진, 영상 자료들이다. 이 자료들은 미군의 입장에서, 미군을 위한 것이며 대부분 작전 문서들이다. 일부 문서는 역사적인 오류나 왜곡 등을 담고 있다. 하지만 필자는 다른 문서와 사진, 영상 등을 활용해 객관적으로 서술하고자 했다. 또 군사용어는 일반인들이 이해하기 쉽게 번역하고자 했다. 무엇보다 중요한 것은 미군 자료를 통해 인천 시민들의 시각에서 분석하고자 했다. 물론 지금까지 미군의 자료 속에서 인천 관련 모든 자료들을 수집 및 분석한 것은 아니다. 아카이브 II에는 공개되지 못한 자료가 얼마나 있는지 알 수 없다. 심지어 공개된 자료가 다시 재분류되어 비공개되고 있다. 이번 책은 인천문화재단에서 진행하는 인천역사자료 디지털 아카이브의 일환이며 향후 지속적인 자료 수집의 길라잡이가 되었으면 한다.

2부 수용에 갇힌 포로와 미군기지

돌아온 인천시민들 앞에 보이는 시내는
예전과 전혀 다른 폐허 그 자체였다.
쌀 한 톨 구하기 힘든 피난민들은
어떻게 살아가야 할지 막막했다.

1부

떠나는 자,
남는 자,
사라진 자

1장

폐허에서 :
두 번의 피난과
복귀

▲ 사진 1 | 1950년 6월 28일 후쿠오카 항에서 내려 이송 버스를 타고 안전한 지대로 이동한 미국인
가족(한국인 여성)들이 미 24사단 병사들의 도움을 받고 있다(촬영 상등병 르마스터, RG 111,
Box 722, SC-3422834).

1. 첫 탈출 행렬 :
인천항에서 떠난 사람들

  긴 스커트를 입은 한 여성은 버스에서 내려 놀란 표정으로 미군을 바라보고 있다. 그 옆에 선 미군은 여성으로부터 받은 서류를 살펴보고 있다. 두 명의 미군은 두 명의 아이를 각각 안고 있다. 아이들의 표정은 알 수 없지만 낯선 풍경에 어리둥절하지 않을까. 여성 뒤편 버스에서 내리지 않고 지켜보는 미군은 매우 긴장된 표정이 역력하다. 이 여성 가족들은 한국전쟁 발발 직후 한국에서 72시간 내 '대피' 혹은 '피난'을 떠나게 되었다. 어떤 과정에서 신속하게 떠나게 되었는지, 인천과 무슨 연관성이 있을까. 그날 짧은 시간 속에서 급박하게 미국인들이 피난하던 그 시간에 전쟁 당사자인 우리 정부는 어떻게 국민들에게 대처하고 대응했는지 따져보지 않을 수 없다. 다시 시계를 돌려서 그 시간으로 돌아가 보자.

작전명 '크럴러(CRULLER)'와 인천항

한국전쟁 이전부터 미군은 국내 정치 불안과 '소요' 또는 '폭동' 확산 등을 고려해 미국인 피난 계획을 사전에 철저하게 계획하고 있었다. 이 계획은 일본 미극동군사령부와 주한미군정청에서 각각 독자적으로 진행하고자 했는데 간략한 내용을 보면 다음과 같다. 미극동군사령부는 1947년 12월 8일 '스트롱바크(Strongbark)' 작전계획을 수립했는데 남한 내 약 2,000명의 미국인들을 인천과 부산항에서 피난시키는 것이며 주한 대사 무초가 최종 권한을 위임 받아 실행하도록 되어 있다. 이 작전계획은 여러 차례 변경되고 1949년 7월 18일 '차우차우(CHOW CHOW)'로 96시간 이내에 미국인들을 한국에서 일본으로 피난시키는 것이었다.[01]

주한미군사령부는 앞의 극동군사령부 피난계획과 유사한 별도 작전계획을 수립했는데 모두 3차례 변경하고 모든 계획을 1급 기밀(Top Secret)로 취급했다. 1948년 4월 25일 주한미군사령부가 한국 내 미국인 피난 계획 및 군사 행동을 포함하는 작전 절차를 수립해 세부사항을 발표했다. 이때는 제주에서 4.3사건이 발생하여 강경 진압하는 시기였다. 이 사건에 주한미군은 극동군사령부의 일반명령 6호에 따라 5월 1일까지 실행 계획을 제출해야 했는데 서울 인근에 거주하는 미국인은 인천항으로 이동하고 그 외 지역 거주자만 진해·마산 → 부산·목포·여수·제주·포항 등에서 출발해 일본(후쿠오카·사세보·센자키·가라쓰)으로 피난하는 내용

▲ 사진 2 | 1950년 6월 28일 후쿠오카 항에 도착한 주한미국인들이 라인홀트 호에서 내리고 있다. 이
들은 118위수병원으로 이동해 간단 진료를 받았다(RG 111, Box 722, SC-342829).

▲ 사진 3 | 1950년 6월 28일 인천항에서 출발한 라인홀트가 후쿠오카 항에 도착해 주한미국인들의
짐을 하역하고 있다(RG 111, Box 722, SC-342832).

이 담겨 있다. 이 계획은 1949년 1월 5일 세 차례 수정을 거쳐 나
왔으나 3월 29일 '라이어나이즈(Lionize)' 작전으로 일부 수정되
고 말았다. '라이어나이즈(Lionize)' 작전은 극동군사령부의 '걸드
삭(Culdesac)'에서 착안한 것인데 서울에 거주하는 미국인들이 미
육군과 국무부 직원의 호위 아래 인천 부평 육군기지창(ASCOM,
Army Service Command, 지금의 인천 부평구, 옛 캠프마켓)에 집결한
뒤 인천항을 통해 대피하는 내용이다. 이런 피난 작전 계획이 수

정된 것은 한국에서 1948년 10월 여수·순천사건이 일어난 것과 미군 철수와 무관하지 않았다. 결국 1949년 7월 14일 '크럴러(Cruller)' 계획은 앞의 두 작전계획과 유사하며 극동군사령부의 '차우차우'보다 피난 시간을 96시간에서 72시간으로 단축한 것을 담고 있다.

8월 28일 미군사고문단장 윌리엄 로버츠(William L. Roberts) 준장이 극동군사령부에 '크럴러' 계획을 수정해 2급(Minor), 제한(Limited), 1급(Major) 순으로 단계별 비상사태, 목적과 상황, 작전 등을 제시하고 있다. 이 계획의 목적은 한국 내 반란 또는 소요나 북한군의 침공이 발생할 경우 미국인(특정 지정 외국인 포함)과 재산을 보호하기 위함이다. 2급 비상사태는 국내 소요 또는 지방 봉기가 일어났을 때이며 한국 정부가 충분히 '진압'할 수 있을 때이다. 제한 상황은 같은 상황에서도 한국 정부가 제 기능을 발휘하지 못할 때이며, 1급 비상사태는 북한군의 침략이 임박했거나 진행 중일 때이며 모든 비상사태 선포에 주한미대사가 책임지고 작전까지 수행한다. 작전은 2단계에 걸쳐 진행하도록 규정하고 있다. 1단계 작전은 한국군의 방어 태세를 요구하고 서울·인천·부산 지역에 중요한 설비를 확보하며 72시간 동안 적군을 지연시켜 '불온한 요소'를 통제할 수 있는 상황이다. 2단계 작전은 군과 민간 정부에서도 상황을 수습하지 못할 때 전면적인 피난이 필요할 때이다. 주한미국대사는 부산 하야리아(Hialeah) 기지와 부평 육군기지창에 통보해 피난구역을 마련할 것과 미국인에게 피난 통보를 시행한다. 대사는 부평 기지와 부산 기지 대피 구역 내에 휴식 및 의료 서비스를 제공하도록 조치하며 승선 명단(성명·성별·연령·주소)을 작성해 본국과 극동사령부에 통보한다. 피난 교통수단은 선박(인천항 또는 부산항)과 항공기(김포 또는 부산)를 이용한다. 이때 극동해군사령관은 미 해군 함정과 공군 전투기를 파견해 수송 선박을 호위한다.

떠나는 자와 남는 자 : 인천항에서

미국은 한국의 상황에 따라 여러 차례 자국민의 피난 계획을 수립하고 수정해 왔으며 한국전쟁 발발 직후 발 빠르게 피난 계획 '크럴러'를 실행했다. 1950년 6월 25일 오전 10시 주한미대사관 존 무초(John J. Muccio, 1900~1989) 대사는 미국무부 장관 딘 애치슨(Dean Acheson, 1893~1971)에게 "오전 4시 경 북한군이 한국 영토 여러 곳을 침범했다"라는 전문을 보냈다. 무초 대사는 백악관과 일본 도쿄의 연합군최고사령부에 신속하게 알렸다. 당일 오전 5시부터 애치슨은 맥아더와 여러 차례 전화 통화해 전쟁 상황과 대응 등을 논의했다. 그 뒤 6월 26일 오전 1시 무초는 애치슨에게 다음과 같은 전문을 보냈다.

이 전문에는 내일(6월 26일) 아침 인천항에 정박한 3척의 선박
을 이용해 여성과 아이들을 일본으로 '대피'하게 한다는 내용이
담겨 있다. 하지만 구체적인 선박명이나 인원, 여성과 아이들의

▲ 사진 4 | 1950년 6월 28일 알시아 선이라는 주한미국인이 118위수병원에서 아이들과 함께 간단한
검진과 입국절차를 밟고 있다(RG 111, Box 722, SC-342837).

국적 등은 언급하지 않았다. 이어서 5시간이 지난 뒤 무초 대사는 다시 애치슨에게 전문을 보내는데 여기서 선박명과 대피 장소 등을 언급하고 있다.

"1950년 6월 26일 오전 5시 모든 주한미국인 여성과 그들의 아이들이 지시에 따랐으며, 외교사절단 여직원 몇 명은 본인의 선택에 따라 서울을 떠나 육군기지창(ASCOM, Army Service Command, 지금의 인천 부평구 캠프마켓) 집결지로 안전하게 대피했다. 가능한 한 많은 피난민을 일본으로 대피시키기 위해서 현재 인천항에 정박하고 있는 노르웨이 국적의 라인홀트(Reinholt), 파나마 국적의 노렐그(Norelg)와 협상 중이다. 26일 정오에 인천항에 도착할 예정인 미국 국적의 마린 스내퍼(Marine Snapper)와도 협상할 것이다."[03]

무초 대사가 언급한 라인홀트 호는 1939년 스웨덴 말뫼에서 건조된 4,799톤의 화물선이다. 파나마 노렐그는 동일한 화물선이지만 선내가 "지저분해서" 제외되었다. 전쟁 발발 39시간 만인 6월 26일 오후 7시(원래 오후 2시 30분 예정이었지만) 라인홀트는 인천항에서 여성과 아이들 682명을 승선시켜 출발했다. 6월 26일 밤 8시 일본 사세본에서 출항한 9구축함전대 소속 디 헤이븐호는 오전 6시 27분에 해상에서 마린 스내퍼와 만나 함께 후쿠오카로 이동했다. 마린 스내퍼에는 25명이 승선했다.[04] 무초 대사는 국무부

▲ 사진 5 | 1950년 인천항에서 출발한 라인홀트의 모습(RG 342, Box 3032, FH-32570).

에 승선 인원과 명단을 통보한다고 했지만 자세한 명부를 첨부하지 않았다. 1950년 6월 1일 미국대사관에서 파악한 한국에 거주하는 미국인 명부를 보면 성명·나이·직업 등을 기재하고 있다. 인천에 거주한 미국인들은 부평기지에 미군사고문단 소속 코어 애나(CORE, Anna D, 28)와 딸 레아 수산(Lea Susan, 1)을 비롯해 총 6명이며, 인천 시내에서는 미국의 대외경제원조기구인 경제협조처 파견 직원 안데르손(ANDERSON Syvert, 57)을 포함해 13명으로 전체 19명이다.[05]

미육군통신사진부대는 6월 28일 오후 2시 후쿠오카 항에 접안한 라인홀트에서 하선 하는 피난민들을 사진과 영상으로 남겼다. 극동사령부 76통신사진대대 소속 르매스터즈(Lmasters)는 후쿠오카 항에서 미 육군 25보병 사단 병사들이 라인홀트 호를 지켜보고 있는 장면을 촬영했다. 배에서 내리는 여성과 아이들 모습은 밝은 표정이다. 1950년 6월 27일 후쿠오카 항에서 촬영된 영상에 24사단장 월리엄 딘 소장은 부관 켈프(한국 출신)와 함께 라인홀트를 지켜보고 있다. 이들은 피난 온 여성과 아이들을 격려하고 있다. 배가 부두에 접안하자 사다리를 내리고 피난민들이 내려오고 있다. 또 다른 장면에서는 배에서 피난민들의 짐이 내려오고, 일본인 또는 한국인으로 보이는 여성이 내리고 있는데 앞에서 본 사진과 동일한 인물이다.

'비상사태'에서 우리는

다른 나라에서 전쟁이 발발했을 때 한국은 어떤 조치를 취할까. 지금으로부터 70년 전 한국 정부는 재외 국민들을 위해 「재외 국민 등록법」(1949. 11. 24)을 제정했다. 그러나 법조문에 어디에도 재외 국민이 외국에서 비상사태나 재난 등 위급 상황을 맞았을 때 국가가 어떻게 조치하고 대처하는지 구체적인 매뉴얼을 제시하지 않고 있다. 그렇게 69년 동안 재외 국민을 위한 비상 매뉴얼이 작동되지 않다가 지난 2019년 1월 15일 「재외 국민보호를 위한 영사조력법」이라는 게 탄생했다. 이 법의 시행은 2021년 1월 16일부터인데 전체 4장 23조로 구성되어 있다. 이 법 제2조 정의에서 제4항 〈해외위난상황〉이란 "나. 전쟁이 발생하였거나 전쟁 발생의 가능성이 매우 높은 긴박한 상황, 다. 내란 또는 폭동의 발생으로 해당 국가의 치안유지 기능 등이 극도로 마비되어 정상적으로 이루어지지 못하는 상황"에 국가의 영사조력이 작동한다고 명시하고 있다.

국가는 위기상황에서 국민들을 보호하고자 하는 어떤 제도와 장치가 있느냐에 따라 달라진다. 프랑스 철학자 미셀 푸코는 통치성의 역사에서 "국가는 법률-사법-규율 그리고 안전 메커니즘이 맺는 상관관계의 체계"라고 주장했다. 국가는 국민을 통치하기 위해 법률과 사법기관, 자체적인 규율을 강조한다면 자유를 제한할 수밖에 없다. 국가 위기 상황에서 국민의 안전과 생명이 무시된다면 안전한 사회는 요원할 뿐이다.

1950년 6월 25일 국가 '비상사태'에서 이승만 정부는 어떻게 국민들을 보호하고 '조력'했는가. 전쟁 발발 직후 이승만 정부는 38선 이남 지역의 국민들을 어떻게 안전하게 피난시키고 보호 또는 구호 대책을 마련했는가. 지금 현재 여전히 유효한 물음이 아닐까.

▲ 사진 6 | 1950년 12월 1일 인천의 어느 항구에서 한국인들이 보리쌀을 운반하고 있다(UN Photo #187964).

2. 두 번의 피난 :
인천시민의 피난기

썰물이 빠져나간 뒤 인천항에 모여든 사람들은 목선에서 보리쌀을 운반하고 있다. 사진의 상단 왼쪽부터 아래로 물이 빠져 넓은 갯벌과 아련하게 보이는 섬 옆으로 화물선이 보인다. 그 섬 앞에 또 다른 목선이 보리를 운반하는 듯하다. 구호품을 실은 대형 선박이 항구에 접안하지 못해 작은 목선들이 운송하는 것이다. 목선에 가득 쌓여 있는 보리쌀 가마니와 이 보리쌀은 인천 지역 피난민들에게 분배되었고 주한유엔민간원조사령부 경기도 팀과 인천경찰서에서 배급을 감시했다.

〈사진 7〉에 나오는 피난민들 행렬에서 아이들은 두꺼운 옷과 모자를 쓰고 있다. 1951년 1월 5일 다시 피난을 떠나는 인천 사람들이다. 중국인민지원군의 참전으로 다시 남쪽으로 떠나는 피난민들은 군인들과 함께 길을 떠났다. 손수레에 탄 아이들은 대부분 털모자를 눌러 쓴 채 미군 사진병을 응시하고 있다. 피난민들은

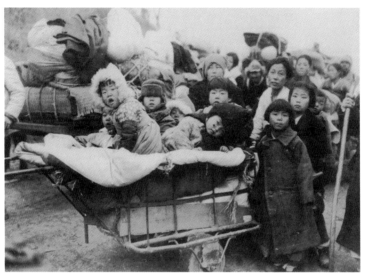

▲ 사진 7 | 1951년 1월 5일 가족들이 대거 피난을 떠나는 모습이다. 손수레에 탄 아이들의 표정이 인상적이다. 이때는 군의 통제에 따라 이동하는 피난행렬이다(RG 550, A1-1, Box 80).

정부에서 발표한 피난선을 따라 무리를 지어 남하했다. 그러나 전쟁 초기 피난민들은 부재한 국가를 경험하지 않을 수 없었다. 앞에서 살펴보았다시피 전쟁 발발 직후 주한미대사관은 미국인과 외국인 일부를 피난계획에 따라 인천항에서 일본으로 대피시켰다. 대한민국 대통령은 국민보다 자신의 안위와 생명을 지키고자 야반도주하듯 서울에서 탈출했다. 이런 비상사태에서 '국부'라고 자칭한 국가원수는 헌법에 명시된 국민을 보호할 의무조차 헌신짝처럼 버릴 수 있는 것일까. 인천지역 사람들은 피난 가지 못해 미군 폭격기에 무참히 죽고 피난길에서 미군 폭격기에 또 죽음을 당할 수밖에 없었을까.

전쟁 당사자인 한국 정부는 피난민들을 어떻게 처리했을까. 38선과 가까이 붙은 백령도를 비롯한 섬 주민과 대도시 인천 사람들은 어디로 피난을 떠났을까. 전쟁 초기와 1.4 후퇴 두 번의 피난과 복귀 속에서 피난민은 어떤 존재였을까. 1951년 2월 이후 인천에 다시 돌아온 사람들은 어떻게 살았을까.

인천 사람들 : 6월 26일, 피난민 모여들다

인천지역의 피난민 역사를 이야기하기 전 한국전쟁기 피난민은 어떤 성격을 지닌 집단일까. 전쟁 초기 한국 정부와 미군들은 전쟁을 피해 남하하는 모든 남북한 사람들을 피난민이라고 규정

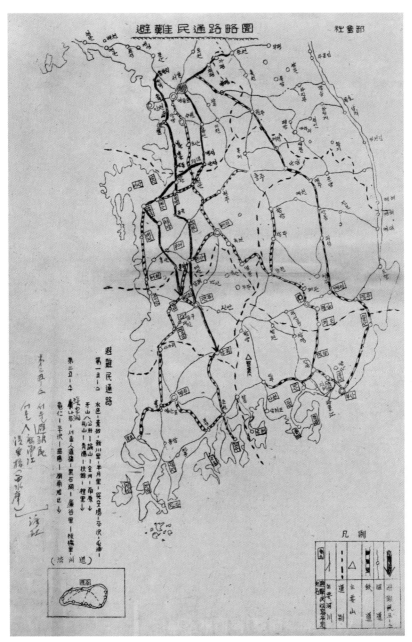

▲ 사진 8 | 1950년 8월 24일 사회부에서 발표한 '피난민 통로약도'이다. 전쟁초기 피난민들은 '자유피난민'이라고 불렸는데 정부나 군의 통제 없이 하염없이 남쪽으로 무작정 걸어갔다(국가기록원).

했을까. 피난민의 규정은 전쟁피해 통계와 지리적 위치에 따라 제각각이었다. 1950년 8월 24일 정부의 '피난민 구호대책 요강'과 같은 연도 10월 유엔과 미국의 '인도주의' 정신에 따른 원조업무를 담당하고자 탄생한 유엔민간원조사령부 조직 이후 피난민의 성격이 세분화되었다. 정부의 피난민 요강 발표 이전 6월 26일 이후 서울 등지에서 떠나 대전과 대구 등지에 내려온 사람들은 피난민이고[06] 1950년 10월 이후 38선 이북에서 내려오는 사람들은 피난민이라고 규정되었지만 '북한 피난민'이라는 수식어가 붙었다.[07] 국내 언론은 '북한 피난민'을 북한에서 '탈출'한 무리라고 성격을 달리했다. 서울 등지에서 탈출(Escape)한 피난민과 구분하고 있었다. 1951년 5월 13일 유엔민간원조사령부 경기도팀 인천지구는 월남한 사람들은 '피난민'이고 현지에서 폭격 등 피해를 입은 인천 거주자를 '전재민'으로 분류하고 있다.[08] 1952년 7월 유엔원조사령부의 통계에서 피난민은 "피난민이란 게릴라, 반게릴라 활동 등을 포함해 군대나 전쟁에 의해 집에서 추방되는 사람들을 말하며, 월남인은 정치적 또는 다른 이유로 1950년 6월 25일 이전 한국에 온 북한인을 피난민"이라고 규정했다. '전재민'은 "자신의 집이 파괴된 것과 같이 전쟁의 직접적 결과로 고통을 당하는 사람들을 말하되 그러나 원거주지의 근처에 거주해야 한다."라고 분류되었다.[09] 피난민과 전재민의 분류는 전쟁 피해자 통계와 구호 정책에서 만들어진 세부 기준이었다. 여기서 인천은 어떤 사람들이 이동과 정착을 반복했을까.

　북한군의 전면전 당일 38선 전역에서 남·북한군의 전투가 격렬하게 벌어지고 있었다. 포성과 총성에 놀라 황급히 전투지역을 벗어나려는 사람들은 간단한 짐만 챙겨 무작정 남쪽으로 피난을 떠나 가까운 지역으로 몰려들었다. 지금은 북한 지역인 옹진·연안·배천 외에도 장단 사람 1,000여 명은 1950년 6월 26일 아침 10시부터 인천 공회당과 여러 병원에서 자리를 잡고 있었다. 옹진 방면에서 이송되는 부상자들은 인천 도립병원에 수용되고 있었다.[10] 누가 나서서 대피하라는 지시도 하지 않았는데 무작정 가까운 지역에 몸을 피한 사람들은 '피난민'이라고 불렸다. 인천은 피난민과 전투원 부상병까지 몰려 아수라장으로 바뀌고 긴장감과 혼란 그 자체였다. 6월 26일 정오 무렵 강화도와 백령·연평도 등지 섬사람들은 연백과 옹진에서 밀려오는 피난민들을 보고 그때 "전쟁이 일어났다"는 소식을 들었고 다음 날 27일 오전 인민군 전초부대가 월곶리 맞은편 개풍군 영정포에 집결해 한강을 건너 김포 문수산을 거쳐 오후 6시쯤 강화면으로 들어오는 것을 목격했다. 강화 교동면 동산리 출신 신원봉(85) 할아버지는 "전쟁이 터졌을 때 연백에서 보리를 베다가 낫만 들고나왔어요. 여기(교동이나 강화도) 사람들은 피난 안 갔어요. 갈 때가 없죠."[11]라고 주민들이 피난을 떠나지 않았다고 한다. 인천 주변 섬사람들은 피난을 떠날 엄두도 내지 못하고 북한군의 점령을 그대로 목격한 셈이다. 하지만

연백, 배천과 강화 일대 경찰관들은 월곶포에서 인천 시내 경기도 경찰국으로 모두 탈출했다.

　그보다 앞선 시간에 미국인들은 6월 26일 오전 1시부터 6시 사이 서울을 떠나 영등포를 거쳐 이미 인천 부평기지에 도착해 있었다. 이 사실을 당일 자정 26분 무초 대사는 경무대 이승만을 찾아가 국무총리 서리 신성모와 이범석 등과 함께한 자리에서 이렇게 회고했다. 무초는 "이승만 대통령이 오늘 밤 정부를 대전으로 이전하기로 결정했다는 소식을 접했다. 하지만 신성모는 대통령의 결정과 지시를 몹시 역겨워했던 것이 분명하다."[12]라고 그 때 상황을 묘사했다. 이승만의 결정에 정면에서 반기를 들지 못한 신성모는 무초에게 "이승만 대통령이 자신과 의논하지 않고 정부 이전을 결정했다."는 사실을 털어놓았다.

　그 뒤 아침 이승만은 라디오 방송에서 "서울에 있는 모든 국민들은 집 밖으로 나오지 말고 머물라"고 "북한 탱크가 도착하더라도 침착하라"는 말을 남긴 채 27일 오전 3시에 진해로 떠나 버렸다. 나머지 정부 관료들은 오전 7시 특별기차 편으로 남쪽으로 피난한 상태였다. 특히 피난을 떠나기 전 이승만과 정부 관료들은 무초에게 "망명정부로서 일본으로 이전할 수 있는지 문의했다."고 국무부에 전문을 보냈다.[13] 또 다른 자료에서 6월 27일 오전 3시 30분 서울에서 탈출한 첫 번째 한국인은 대통령 이승만과 프란체스카, 김장흥 경무대 경찰서장, 황규면 비서, 경호경찰 1명 등 6명이다. 이들은 서울을 떠나 3등 열차에 탑승해 대구로 도망쳤다. 6월 27일 저녁 7시 5분 통신문에서 주한 미군사고문단 대령 와이트(WIGHT)는 도쿄 극동사령부 아몬드 장군에게 "이승만과 연락이 되지 않는다."고 말했다. 아몬드 장군은 와이트에게 "떠나지 말고 사수하라!"라고 했다. 와이트는 그날 저녁 대전으로 떠났고, 28일 에드워드 중령에게 군사고문단장 지위를 내줘야 했다.[14] 나중에 알려졌지만 미국의 설득으로 대통령과 관료들은 다시 대전으로 돌아왔다. 결국 헌법에 따라 국민의 생명과 재산을 지켜야

할 대통령은 국민과 수도를 버리고 도망치듯 떠나버렸다.

대통령의 무책임한 행동은 인천시장 지중세(池中世, 재임시기 1950. 6. 12~1951. 9)도 다르지 않았다. 그는 시청 직원들에게 "사태가 급박하니 피난은 각자가 행동을 취하라"는 지시를 하고 자신도 시청을 포기하고 피난길에 올랐다.[15] 지 시장 임명 이전 1950년 5월 11일 인천시 고문과 각 동회장들은 "인천과의 인연이 없고 인천 실정을 모르는 타 지방인사로 시장을 임명한다는 것은 온당치 못한 처사"라고 국무총리와 내무장관, 경기도지사에게 진정을 넣기까지 했다.[16] 지 시장은 1948년 7월 서울시 공익사업국장 시절 수도공사의 부정입찰사건으로 권고사직을 당했으며 1951년 6월 27일 구호금과 구호물자횡령사건으로 사회과장, 회계와 후생계장 등과 함께 구속되어 불명예 퇴직했다.[17] 시장과 시청 직원들은 피난민들의 구호와 생명을 지키는 대신 사리사욕에 눈이 멀었다. 헌법을 수호하고 국민의 생명을 보호해야 할 대통령, 인천시민에게 제대로 알리지도 않고 먼저 피신한 시장은 전쟁 발발 직후 보여준 공무원들의 민낯이었다.

뒤늦은 피난길과 1.4후퇴

38선 인근 사람들의 피난행렬을 지켜본 인천시민들은 너도나도 간단한 짐을 꾸리고 거리에 쏟아져 나왔다. 도로에 트럭과 우

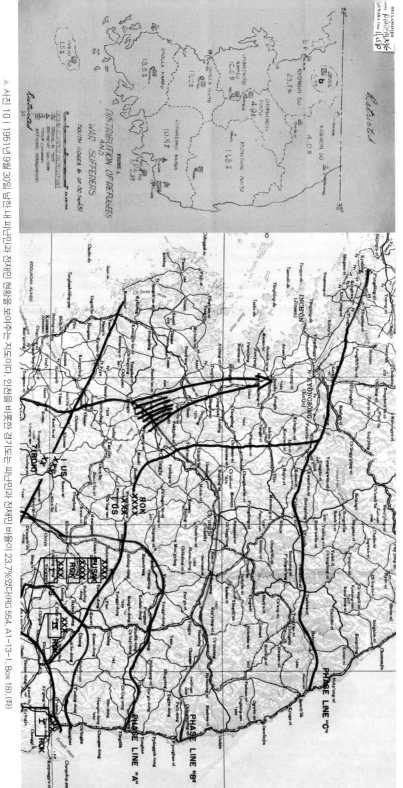

▲ 사진 10 | 1951년 9월 30일 남한 내 피난민과 전재민 현황을 보여주는 지도이다. 인천을 비롯한 경기도는 피난민과 전재민 비율이 23.7%였다(RG 554, A1-13-1, Box 18).(좌)
사진 11 | 1950년 9월 1일 이 지도는 1.4후퇴 직후 서울, 인천 등지의 피난민들이 이동하는 동선을 그린 것이다(RG 554, En 44, B55-091 Korea).(우)

마차, 손수레를 끌고 나온 사람들이 뒤엉켜 남쪽으로 무작정 걷고 있었다. 6월 27일 오전 11시 한강철교가 폭파되자 피난민들은 서울을 벗어날 수 없었다. 이 폭파로 600~800여 명의 피난민들이 한강철교에서 목숨을 잃었다.[18] 같은 날 오전 7시 5분 미 5공군 3폭격전단 클로비스 뉴멕시코 전단 소속 A-26 편대가 개성 남쪽과 인천 일대에서 무기고 등을 폭격하기 시작했다.[19] 미 5공군은 연평도와 그 주변에서 북한군 선박이나 병력을 저지하기 위해 폭격 작전을 수행하고 있었다. 7월 3일 오후 인천 지구에서 남·북한 군이 치열한 전투를 벌였으나 7월 4일 오전 7시 40분 인천은 북한군에 점령되었다. 자세한 인천지역의 북한 점령 정책은 다음 장에서 다루고자 한다.

이 상황에서 정부는 8월 24일에야 「피난민 구호대책 요강」을 발표했다. 이미 인천과 서울 등지 다수 국민들은 피난을 떠나지도 못한 상황에서 인천-서울-수원-평택-천안-대전을 거쳐 피난을 떠나라고 한 것이다. 인천 사람들은 반월-남안-안종-발안-아산-이산-홍성-청양-부여-이리-청주-남원까지 피난가야 했다.[20] 이미 때가 지난 뒤에 대책을 세우는 사후약방문처럼 바뀐 피난민 구호대책은 인천시민에게 무의미했다. 전쟁 전인 1949년 인구통계에서 인천 265,767명, 강화군 102,104명, 옹진군 165,259명, 연백군 246,588명[21]이 거주했지만 얼마나 피난에 나섰는지 정확한 수치를 확인할 수 없다.

9월 7일~22일 인천 월미도를 비롯한 인천 시내에 미 해군과 공군은 무차별 함포사격과 폭격 속에서 상륙작전을 전개했다. 이 작전에서 수많은 민간인과 건물이 큰 피해를 입은 뒤 인천이 '수복'되었다. 10월 1일 38선 돌파가 결정되고 중국인민지원군이 참전하자 조기 휴전이 물거품 되었고 설상가상으로 미군은 장진호 전투에서 대규모 사상자까지 속출해 불가피하게 원산·흥남 철수작전을 결정했다. 12월 5일 미 8군이 평양에서 철수를 시작하자 북한 지역 주민들의 대거 피난행렬을 막아내기에는 역부족이었다. 그 여파가 서울, 경기 지역으로 확산되고 있었다. 1951년 12월 7일 주한 미 대사관에서 국무부에 보낸 전문을 보면 "대다수의 북한 사람들은 '제자리에 머물기'를 희망했다. 특히 피난조치를 쉽게 실행할 수 없었던 평양과 진남포의 사람은 그렇게 하기를 희망했다. 그러나 대세는 어쩔 수 없게 되었다. 대규모의 피난민들이 원산으로부터 해안도로를 따라 남하하고 있다."[22]라고 명시하고 있다. 이승만은 12월 11일 경무대에서 "우리가 서울에서 물러가야 될 까닭이 없다."고 호언장담했지만 사회부에 지시해 피난 대책을 수립해야 했다. 12월 12일 미8군은 작전계획 9호에 따라 서울이남 후퇴와 피난민 통제, 서울을 비우고 6월 25일과 같은 '재앙'의 되풀이를 막으려고 애썼다. 12월 13일 미 1군단의 작전계획 32호에는 서울시민 대피가 명시되어 있으며, 16일 북한지역에서 철수한 유엔민간원조사령부 지원팀은 서울, 대전, 제주 및 거제도와 서남부를 포함한 중요한 피난민 대피 지역으로 파견되었다.

인천 주요 섬들의 북한군 점령과 유엔군 통제는 1950년 6월 26일부터 주요한 지역만 선택되었다. 강화도는 6월 29일 북한군이 김포로 이동하기 위해 잠시 거쳐 갔지만 10월 30일까지 북한군 30명 정도 주둔하다가 후퇴했다. 연평도는 1950년 7월 북한군에 점령되었으나 8월 20일 한국군 30명이 탈환했다. 대청도는 7월 북한군 30명이 점령했으나 8월 19일 한국군 해병대에서 탈환했고, 백령도는 7월 북한군 400명이 점령하다가 10월 26일 유엔군 통제에 들어갔고, 소연평도와 소청도는 9월 8일과 9월 26일 각각 해병대에서 탈환 했다. 다만 교동도는 강화도가 점령된 기간 북한군의 순찰 정도만 이뤄져 점령을 피했다. 옹진반도는 북한군이 일시 점령했지만 주둔하지 않고 10월 1일까지 순찰만 강화했다. 1950년 12월 9일 유엔군사령부는 38선 아래 모든 섬의 주민들에게 피난하지 말 것을 권고하는 전단지 배포와 방송을 시행했고 1.4후퇴 이전에 연백이나 배천에서 온 "피난민 이동은 허용되지 않는다."라고 발표했다. 특히 유엔군사령부는 "어떤 종류의 선박도 운항이 허용되지 않으며, 피난민들은 38선 아래로 이동을 금지한다."고 경고하고 나섰다.[23] 이처럼 유엔군사령부는 인천 인근 주요 섬과 주민들, 피난민들까지 남하하지 못하도록 통제하고 있었다.

그러나 1.4후퇴 앞두고 12월 18일 경기도 경찰국은 인천과 강화도 등지 섬들을 통제하고 피난민 수송에 나섰다. 강화도는 피난민 대피를 위한 본부 설치와 라디오 통신망을 구축했으며 각 나루터와 교차지점마다 30명의 경찰관을 배치해 피난민들 검문을 실시했는데 강화 및 연평·백령도까지 총 15개소가 늘어났고 각각 경찰관 15명씩 배치되었다. 12월 15~17일 오후 5시까지 강화도에 피난민 3,500명이 들어왔다. 약 2,000명의 피난민들은 인천항에서 출발해 평택으로 향했다. 같은 시기 개성 남쪽 임하면과 홍교면에서 약 5만 명의 피난민들이 인천으로 유입되었다. 이 문제를 해결하는데 1주일이 소요될 것으로 보았다. 경찰관들은 강화 156명과 연안 270명, 옹진 426명 등이 피난민 대피 작전에 나섰는데 옹진 경찰관만이 인천항 경찰과 함께 피난민 검문과 수송에 참여했다.[24] 12월 19일 옹진과 연안, 배천 지역에서 인천으로 이동한 피난민은 2,328명으로 늘어났고 진남포에서 바닷길을 통해 오후 5시 인천에 125명이 도착하기도 했다. 12월 한 달 동안 38선 이북에서 내려온 피난민이 인천 등지에 100,000명을 넘었고 쌀, 밀가루, 보리 등은 인천항을 통해 안정적으로 수송되고 있었다.[25]

급증하는 피난민 행렬에 정부에서 제시한 피난 대피로는 일반 피난민만 사용할 수 있는 일반도로와 군사도로로 구분되었다. 12월 12일 유엔군총사령부에서 제시한 '도로사용 한계 표시도'에 검정색은 첫 번째 수색-소사-시흥 신천리-안산 반월리-화성 향남읍 발안장-평택-아산 둔포인데 다시 아산에서 논산-전주-

▲ 사진 12 | 1951년 6월 6일 인천에 버려진 전쟁고아들. 1.4후퇴 이후 인천 곳곳에서 피난민들이 버리고 간 아이들이라고 한다(RG 80, Box 1774, G-429682).

남원으로 가는 길과 예산-홍성-청양-부여-이리로 가는 두 갈래가 있었다. 서울시민은 광나루-서울인도교-흑석동-염곡리-판교리-용인-평택-온양-호남지구까지 이어졌다. 남하하는 피난민들은 한강 인근과 평택에서 극심한 정체를 겪었다. 인천은 일반도로가 아닌 서울로 직행하는 군사도로뿐이었다. 따라서 인천시민들은 신천리-전북 이리 또는 남원으로 이어지는 일반도로를 이용해야 했다. 하지만 노약자와 여성들은 피난보다 현지에 머물러 중국인민지원군과 숙식을 함께 하고 밤마다 방호벽 파는 일에 강제 동원

▼ 사진 13 | 1950년 12월 27일 인천항에서 일본인 선박을 이용해 군산까지 피난 가는 인천 사람들(RG 550, A1-1, Box 80).

되었다.

　1951년 2월 11일~12일 유엔군이 서울, 인천, 영등포까지 재탈
환하자 11일 인천각, 인천공원, 시청과 기상대에 다시 태극기와 유
엔기가 내걸렸다. 2월 13일 인천시 부두노동조합원과 미군 등이
인천항의 재건 공사에 투입되었고[26] 1950년 9월 상륙작전 이전 기
능을 회복하고자 발 빠르게 움직이고 있었다. 충청 이남 지역에 피
난한 시민들은 경찰을 비롯한 행정기구 복원 이전에 복귀할 수 없
었다. 1951년 3월부터 서울과 인천 지역에서 일부 공무원들이 하
나둘씩 복귀하고 있었지만 보름 이상 소요되었다. 돌아온 인천시
민들 앞에 보이는 시내는 예전과 전혀 다른 폐허 그 자체였다. 쌀
한 톨 구하기 힘든 피난민들은 어떻게 살아가야 할지 막막했다.

▲ 사진 14 | 1950년 9월 인천의 파괴된 건물 앞에 선 모자(유엔 그랜트 맥린, UN Photo #18776).

3. 돌아온 인천 피난민 :
원조와 구호의 '신화'를 보다

      1950년 9월 인천에서 상륙작전 직후 미군의 폭격과 함포 사격으로 무너진 건물 잔해를 뒤 배경으로 서 있는 엄마와 아이 모습이 매우 인상적이다. 이 사진을 찍은 사람은 유엔 소속 찰스 그랜트 맥린(Charles Grant McLean, 1921~2002, 캐나다 출신)이며 상륙작전 때부터 인천 일대에서 활동한 사진작가이자 영화감독 출신이다. 맥린은 인천에서 파괴된 도시에 돌아와 망연자실한 시민들의 모습이나 아이들을 사각 앵글에 포착했다. 흰 스웨터와 검정 치마에 무명천으로 아이를 업은 여성은 굳게 닫힌 입과 무표정 속에서 어금니를 강하게 누르고 있다. 등에 업힌 아이는 놀란 표정으로 맥린을 응시하고 있다. 두 사람의 다른 시선이 고정되어 있지만 그 뒤로 무너진 건물과 잔해는 흐릿해 자세하게 알 수도 없다.

    같은 날짜에 촬영된 맥린의 사진에 파괴된 건물과 그 앞에 고철을 지게로 운반하는 인천시민들과 아이들이 등장한다. 제일 앞에 중년 남자는 콧수염을 기르고 무명 삼베 바지를 입고 무거워 보이는 고철을 새끼줄로 단단히 묶어서 지게로 운반하고 있다. 이들 피사체들은 모두 맥란을 응시하는데 앞의 여성과 같이 무표정이지만 어금니를 세게 물고 있는 듯하다.

두 사진에서 1950년 9월 인천은 파괴된 도시와 흔적도 없이 사라진 황폐한 월미도에 어금니를 꽉 깨물고 거리를 배회하는 사람들로 가득했다. 상륙작전이 남긴 상처는 컸으며 승리보다 하루아침에 집을 잃은 사람들이 뻥 뚫린 가슴만 안고 자기 집 주위를 벗어나지 못하고 있었다. 포성과 폭격이 멈춘 뒤 인천 시가지에 각종 무기를 휴대하고 행진하는 군인들과 여기저기에서 붙잡힌 포로들, 미군 폭격기에 파괴된 집을 보려고 나선 시민들이 다시 거리를 가득 매우고 있었다.

멀리 피난조차 떠나지 못한 시민들은 처음부터 구호의 손길이나 재건까지 생각하지도 못했다. 개전 초기 3개월 동안 피난민과 전재민들을 위한 구호보다 서울 탈환과 북진 그리고 낙동강을 따라 형성된 전선 방어가 첫 번째 목표였다. 초기 피난민과 전재민 구호는 대피와 식량지원에 머물러 있었다. 9월 유엔사령부 보건복지부의 한국 현지 파견대 '유엔 보건, 복지 파견대'는 "유엔사령부의 군사적 목적의 달성을 위해 질병과 기아, 사회불안을 예방하고, 남북한지역의 부흥과 재건"에 초점을 두고 있었다.[27] 그 이후 10월 7일 유엔총회 결의에 따라 유엔한국통일부흥위원

▲ 사진 15 | 1950년 9월 인천의 파괴된 건물 앞에서 인천시민들이 고철을 지게로 운반하고 있다(UN Photo #187768).

▲ 사진 16 | 1950년 9월 15일 이후 폭격에 파괴된 건물에서 놀고 있는 아이들(UN Photo #187769).

회(UNCURK)와 12월 1일 유엔한국재건단 등이 조직되어 서울과 부산에서 활동했지만 중국인민지원군 참전으로 제대로 역할을 수행하지 못했다. 특히 이들 기관은 평양점령에 따른 북한지역 군정과 민사업무와 부산 지역을 중심으로 피난민 구호 활동에서 크게 벗어나지 않았다. 그러다가 11월 3일 미8군 사령부 일반명령 156호에서 주한유엔복지 야전기구가 창설되었지만 한 달 뒤 12월 8일 미8군 일반명령에 따라 주한유엔민간원조사령부(UNCACK, 8201부대 또는 한국민사원조사령부)라고 명칭을 변경해 서울, 경기도 등 10개 지역 조직이 탄생했다.[28]

인천은 1951년 2월 이후 전재민과 피난민들을 위한 구호 및 원조 사업에 적극적으로 나서게 되었는데 유엔군과 한국정부, 민간기구 등을 통합한 8201부대가 담당했다. 이 조직은 구호물자 배급 수준에서 벗어나 민사행정, 피난민 통제와 관리, 사회, 보건, 노동 등 전반에 이르는 실질적인 군정 역할을 담당했다. 이 부대는 구호와 원조 정책 수립 및 계획에 따라 사회부와 각 도 행정기관을 이용해 활동하는 조직이었다. 인천은 1950년 12월 이전 서울에 본부를 둔 경기도팀 소속이며 1951년 9월 이후 경기도팀 인천지부(Sub Team)로 나눠졌다. 이 인천지부는 일일, 주간, 월간활동 보고서에 팀의 행정 인원 변동, 구호물자(식량), 인구통계(피난이동현황 포함), 사회 및 보건, 물가 및 노동(고용), 고아원 신설 및 구호, 경찰 및 형무소 및 재판소 현황, 전염병 예방 활동 등 다양한 정보를 담았다. 이들 보고서는 1951년 1월부터 1953년 12월까지 계속 작성되었으며 인천은 1951년 2월부터 경기도팀의 주간 또는 월간활동보고서에서 부분적으로 확인할 수 있다. 보고서에 자주 등장하는 내용은 인천지역 인구와 피난민 통계, 인천항에서 인천시에 배급되는 쌀과 보리 수량, 구호품이나 고아원, 병원 설립 등이다.

인천에서 구호·원조 조직과 피해

한국전쟁기 각지의 전투상황 다음으로 많은 자료가 대한원조와 포로 관련 기록물이다. 전쟁기간 초중등 교과서에 등장하는 미국의 대한원조에 빠지지 않는 이야기가 '인도주의적 원조'라는 수식어였다. 전쟁의 폐허에서 원조가 '신화'처럼 만들어졌다. 인천 상륙작전 이후 미군의 대한원조 관련 구체적인 내용은 자세히 알 수 없지만 몇몇 기사에서 확인이 가능하다. 1950년 10월 유엔에서 원조한 쌀 4,000가마니가 인천항에서 서울까지 열차를 이용해 반입되고 있었다.[29] 10월 7일 일본 사세보에서 구제 식량 9,000톤(쌀 6,000톤과 보리 3,000톤)이 인천항에 도착해 영등포와 노량진까지 기차로 운반해 경인지역에 배급되었다.[30] 11월 인천에 새로운 구호병원이 설치되어 유엔 구호 약품을 사용하여 일반인 무료치료에 나섰다.[31] 그러나 인천지역에 피난민과 전재민의 구호 활동

▲ 사진 17 | 파괴된 건물 잔해에서 벽돌을 정리하는 가족들(UN Photo #187772).

이나 식량 배급 과정이 전혀 언급되지 않고 있다. 1.4 후퇴 이후 다시 복귀한 인천시민들은 1951년 2월 20일 약 4할 정도 복귀했으며 치안도 어느 정도 확보되었다. 그러나 심각한 식량 문제가 대두되었는데 흰쌀 반말 값이 17,000원까지 천정부지 올라가 있었다.[32] 이 시기부터 인천지역의 피난민과 전재민의 구호와 원조가 본격적으로 이뤄지고 있었다.

인천을 비롯한 경기도 일대 구호와 원조 등을 담당한 8201부대 경기도 팀은 사령관 찰스(Charles R. Munske, 대령·포병), 공중보건장교 윌리엄 존스(William B. Jones, 중령), 민간보급장교 조지 맥켈비(George M. McKelvy, 소령), 복지장교 빅터 비스타니(Victor Bistany, 대위), 위생 위퍼드 로드맨(Wilfeed K. Rodman, 대위), 행정 샘 브란트(Sam Brandt, 대위) 등 미군 장교들이었다. 팀 아래 경기도청과 인천시를 비롯한 시·군·읍·면·동이 하부 조직으로 밑바닥까지 구호활동에 참여했다. 문서에서 확인된 인천시 8201부대는 1951년 2월 인천항과 인근 항구에 2명의 장교를 파견하고[33] 이어서 12월 10일 인천시 팀 사령관 볼란 요셉 주니어(Bolan, Joseph Jr, 대위, 인천시 지원 장교), 알렉산더 맥짐프세이(Alexander F. McGimpsey, 인천지원), 암귀시 레인즈(Amguish A. Raynes, 상사) 등 4명을 추가로 배치했다.[34]

본 글에 인용된 자료들은 8201부대에서 생산한 인천시 내용인데 1951년 2월부터 1953년 9월까지 팀 보고서, 주간, 반월간(semi-monthly), 월간 보고서이다. 여러 보고서 중 인천과 관련된 기록이 다수 보이는 주간보고서는 행정, 정치, 경제, 사회, 기타 통계 현황을 담고 있다. 행정은 경기도팀 각 부서의 인사이동과 관할지역의 중요한 사항을 기록하고 있다. 정치에는 지역 정치의 중요한 사항과 경찰활동을 담고 있으나 상세하지 않으며 인천과 소년형무소 수감자 기록이 있다. 경제에는 재정, 식량 사정, 주택, 연료와 전력, 교통 등을 다루고 있는데 간혹 인천지역의 기업체 현황이 나올 때가 있다. 사회는 건강, 위생, 전염병 상황, 병원, 공공복지와 피난민, 전재민, 고아원 현황을 알 수 있으며, 인구통계를

게재하고 있다. 반월간이나 월간, 팀 보고서는 주간보고서와 큰 차이가 없으며 대체로 비슷한 체계를 갖추고 있다.

　상륙작전 이후 인천항과 시내 피해는 얼마나 심각했을까. 10월 26일 사회부에서 인천의 피해가 전소 가옥 6,060호, 반소반파 2,200호, 무의탁 고아 500명, 병환자 430명, 무의탁자 436명, 구호 대상자 80,000명으로 1949년 기준에서 인구 265,767명인데 전체 36%에 해당하며 전소, 반손, 반파 가옥은 인천시 40,000여 호 가옥의 약 5분의1에 해당하였다.[35] 1951년 2월 24일 미군의 초기 피해조사에서 인천은 안양, 수원과 함께 '황폐한 상태'이며 "시내에는 야채 외에 그 어떤 식량을 찾아볼 수 없었고 모든 어선이 인천을 떠났거나 침몰한 이후 한동안 물고기를 구경할 수 없었다."라고 절망적인 상황을 전하고 시민들에게 매일 75톤의 쌀을 공급해야 한다고 구호대책까지 내놓았다.[36] 앞에 사회부 피해통계와 달리 3월 11~17일 사이 8201부대에서 조사한 인천지역의 폭격에 의한 피해상황을 자세히 살펴보면 회복불능의 주택과 건물파괴 18.4%, 복구 가능한 손상 8.3%로 전체 26.7%인데 경기도의 평택 22.3%, 안성 16.6%, 이천 14.8%, 수원 11.9%, 화성 10.2%, 용인 8.2%보다 큰 피해를 입은 것으로 나타났다. 수

▲ 사진 19 | 1951년 6월 6일 어느 인천 해변에 모여 있는 전쟁고아들(RG 80, Box 1774, G-429683).

치상으로 보면 주택만 60,000가옥이고 회복 불가능한 주택만 5,000채, 복구 가능한 주택 10,000채, 피해를 입었지만 당장 사용 가능한 주택은 12,500채에 불과했다.[37]

인천을 비롯한 강화, 연백, 옹진군의 인구변동과 피난민 증가는 〈표 1〉을 통해 자세히 알 수 있다. 이 지역은 전쟁 전과 상륙작전 이후 인구감소에서 피난민 및 전재민의 증가라는 공식으로 이어졌다. 전쟁 초기 구호물자가 인천 등지에 적었지만 점차 늘어나기도 했다. 1951년 2월 말에 인천은 매일 3,000~5,000명의 구호자 증가에 따라 약 75,000명까지 늘어났고 1949년 전체 인구 기준에서 107,739명이 복귀했다. 피난민은 1951년 3월 말 26,617명에 지나지 않았으나 6월 10~16일 사이 124,889명으로 최대 폭으로 늘어났다. 강화군은 1949년 102,104명인데 1951년 3월에 8만에서 1953년 8월 30일 187,287명까지 늘어났고 피난민도 1951년 6월에 51,985명이었다. 옹진군은 1949년 165,259명이었지만 1953년 8월에 48,846명으로 급감했으며 피난민이 75,757명으로 실제 옹진 출신자보다 많았다. 연백군은 1949년 246,588명에서 1951년 6월에 5,202명으로 줄어들고 피난민은 42,737명이었다.

<表 1> 1951~1953년 인천시 인구 및 피난민과 구호식량 변동

연월일	지역	실거주민	피난민	합계
1949	인천	265,767		
	강화	102,104		
	연백	246,588		
	옹진	165,259		
1951. 3. 18~24	인천	107,739	26,617	134,356
	강화	80,000	20,000	100,000
	옹진			
4. 25	인천	154,930	83,587	238,517
	강화	89,796	89,867	179,663
	연백	4,696	34,942	39,638
	옹진	54,108	32,716	86,824
5. 5	인천	137,381	89,651	227,032
	강화	50,545	79,489	130,034
	연백	2,616	24,942	27,558
	옹진	34,206	22,708	56,914
6. 10~16	인천	191,346	124,889	316,235
	강화	102,072	51,985	154,057
	옹진	22,268	75,757	98,025
	연백	5,202	42,737	47,939
1952. 6. 30	인천	276,079		276,079
	강화	156,680		156,680
	옹진	37,078		37,078
1952. 8. 31	인천	276,079	9,791	285,870
1952. 10. 31	인천	284,763	17,356	302,119
1952. 12. 29	인천	287,190	17,685	304,875
	강화	176,893		176,893
	옹진	48,846		48,846
1953. 3. 31	인천	287,190	20,330	307,520
	강화	176,893		176,893
	옹진	48,846		48,846
1953. 8. 30	인천	274,178	18,287	292,465
	강화	187,287		187,287
	옹진	48,846		48,846

1951년 5월 서울에서 내려와 인천에 거주하던 피난민 20만 명이 아산으로, 5월 9일 5만여 명은 평택과 안성으로 분산 배치[38]하고 환자 약 200명은 군산구호병원으로[39] 이송되었다. 이러한 피난민 인원은 미군 자료에서 확인되지 않는다. 〈표 1〉에 나오는 인천과 다른 도서지역 피난민들은 분산배치가 이미 끝났으나 1952년 8월 이후 대부분 줄어들었다. 그러나 1952년 8월 19일 인천시장은 인천 시내 공·사설 44개 수용소에 집결 수용된 41,300여 명에게 중점 구호를 실시한다고 밝혔다. 1953년 1월 인천시 사회사업 연합회 소속 후생시설은 8개소 수용인원이 1,094명이고 12월 말 16개소에 2,451명으로 2배 증가했다고 언론에 발표했다. 인천시

▲ 사진 20 | 1950년 9월 15일 인천시청에서 '인천 탈환식'을 거행하고 있다(RG 127, GK, Box 29).

는 유동 피난민 31,031명, 꼭 필요한 구호대상자 91,588명이며 피난민수용소에 5,969명이 수용되어 있다고 밝혔다.[40] 〈표 1〉에서 확인되지 않은 인천의 피난민 수용소가 44곳이나 되었다. 미군과 인천시 통계가 서로 다르지만 전쟁 중 인천 내의 피난민들이 다수 존재하고 있었다. 44곳은 송현동(훗날 피난민 후생주택 18개 동 건축)을 비롯해 부평, 장수동 등지이다.

폐허 더미에서 시작된 인천지역 시민들을 위한 구호는 2월 18일~3월 30일까지 지역 전재민 96,000명과 피난민 23,400명에게 흰쌀 63,461톤, 보리 363톤, 구호품 3,260,000원[41] 지원이었다. 4월 22일 쌀 22,870가마니, 5월 쌀 792톤과 보리 442톤, 6월 16일 쌀만 3,025톤으로 증가했으며 7월 7일 쌀 2,220톤과 보리 3,562톤까지 증가하다가 8월 5일 쌀 35.4톤과 보리 361.7톤으로 감소했다. 따라서 2월 18일부터 10월 3일까지 인천시에 배급된 식량은 32,718톤이었다.

참고로 인천과 가까운 강화와 옹진 일대 섬들은 1951년 4월 25일 기준에서 구호자와 쌀 배급현황을 알 수 있다. 강화군 강화면 115,505명에 42톤, 선원면 2,796명 10톤, 불은면 2,448명 10톤, 길상면 3,646명 15톤, 화도면 5,883명 22톤, 양도면 4,221명 20톤, 내가면 4,756명 20톤, 하점면 7,649명 32톤, 양사면 7,704명 32톤, 송해면 5,613명 22톤, 교동면 14,895명 53톤, 삼산면 9,579명 30톤, 서도면 1,422명 52톤으로 총 94,717명의 구호자에게 식량

360톤이 배급되었다. 옹진군
은 영흥면 6,888명 40톤, 선
재도 6,734명 40톤, 자월도
5,498명 33톤, 지도 3,922명
25톤, 문갑도 2,137명 13톤,
굴업도 2,271명 17톤, 연평도
4,270명 26톤, 백아도 5,758명
36톤, 대·소청도 7,934명 49톤,
대·소이작도 3,858명 25톤,
소야도 4,334명 26톤으로 총
54,104명의 구호자에게 330톤

▲ 사진 21 | 폐허가 된 건물에서 노래를 부르고
있는 소년(UN Photo #187862).

의 식량이 배급되었다.[42] 이들 두 군데 지역은 대부분 연백 등지에
서 피난 온 사람들이다. 8201부대의 주간활동보고서에서 1951년
2월부터 6월까지 피난민과 전재민 구호활동은 인천 시내뿐만 아
니라 강화와 옹진 등지 크고 작은 섬에 이르기까지 파급되고 있었
다. 그러나 피난민들은 수용소 입소 절차부터 생활하기까지 여러
단계를 거쳐야 했다.

피난민 수용소와 고아원 원조

전쟁 초기 인천 지역 일대 피난민수용소는 관공서나 공터에

임시 설치되었다. 8201부대 인천파견팀과 시청, 경찰서 등은 지정 수용소에 설치한 뒤 식량배급, 주거지 건설, 보건위생의 통제와 수용소 자치 문제를 최우선으로 삼았다. 1951년 5월 미군 자료에 나오는 인천시의 피난민수용소는 조일(양조회사), 영흥, 풍국(풍국제분), 영흥도 등이 등장한다. 이들 수용소는 1951년 9월 22~30일 인천시에서 피난민 재등록과 인구조사를 실시하면서 재정비된 곳이다.[43]

피난민 수용소 재정비는 9월 16일 8201부대 서울본부에서 인천지역 피난민수용소를 전체적으로 조사하고 조사결과를 내놓으면서 이뤄졌다. 이 조사보고에는 "엄청난 수의 피난민들이 심각한 문제를 야기하고 있다는 것을 유념해야 한다. 주택과 다른 건물이 전쟁으로 인한 피해가 심각해짐에 따라 피난민들은 피난처가 없으며, 겨울에 적합하게 수용되어야" 하는데 그 시설이 없다는 것을 꼽고 있다. 8201부대 본부 조사자들은 인천지역 피난민수용소에 대해 다음과 같이 정책을 제시하고 있다.

> 첫째는 올(1951년) 겨울 동안 지방 수용소에 남는 피난민들을 위한 적절한 대피소 준비에 최우선 순위가 부여되어야 한다. 둘째는 피난민들은 모포와 겨울옷이 중요하고 충분한 구호물자를 이용할 수 있어야 한다. 셋째는 수용소에 있는 피난민들, 특히 어린 아이들에게 주어지는 음식을 증가시키

　이러한 권고사항은 피난민들의 인원과 재배치를 가속화시켰
다. 재배치 이후 11월 1일 피난민 수용소의 보수와 임시 거처를 위
한 건축자재가 정부에서 지원되었다. 360명의 가족이 생활할 수
있는 시설건축은 43% 정도 완료되었고 또 다른 230명의 가족이
이용할 수 있는 시설 건축은 65%가 완료된 상태였다.

　수용소의 재배치 배경 중 하나는 수용소 내의 위생문제였다.
1952년 5월 이후 인천시와 8201부대 인천지원팀은 피난민수용

▲ 사진 22 | 1951년 3월 17일 유엔민사경비대가 줄을 선 피난민에게 구호미를 배급하고 있다(UN).

소의 위생 문제에 적극 개입하면서 공공과 사설수용소로 분리해 주변 지역의 정화 작업에 나섰다. 공공수용소는 인천시에서 지정한 곳이며 사설수용소는 비인가 또는 무허가 수용소라고 지칭했다. 인천시는 5월 12일부터 18일까지 손수레 150개를 동원해 5월 17일 3개 피난민수용소와 주변 구역 정화활동에 나섰다.[45] 7월 1일 인천부시장은 9,791명의 피난민수용소에 대해 "여전히 쓰레기 더미를 볼 수 있다."며 불만을 털어놓았다. 그 뒤 8월 31일 8201부대 월간보고서에 따르면 인천지역의 피난민수용소는 고속도로를 따라 공동피난민수용소 외에 나머지 수용소를 강제 추방했다. 인천시가 정화협회와 시경 공동으로 피난민 통제 프로그램을 시행했다. 인천시경 위생과 경찰 5명과 방역팀 20명의 인력은 피난민들의 지역 정화를 위해 특별 조직을 구성한 것이다. 인천 조일 피난민수용소는 양조회사 소속의 큰 창고에 임대를 내고 설치되었는데 피난민들이 창고에 작은 쪽방을 만들었다. 미군 보고서에는 "수용소는 혼잡할 뿐만 아니라 어둡고 음산하다. 환기가 잘 안되고, 조명조차 어둡다. 모든 피난민들은 건물에서 격리해야 한다."고 하여 다른 곳으로 이동한다고 적고 있다.[46]

이처럼 피난민수용소의 열악한 환경과 함께 식량부족이 심각했다. 1952년 7월 25일 인천시 조사에서 영양 불량자가 전체 인구의 3분의 1인 93,222명으로 구호대상에서도 제외된 사람들이다. 초등학교 8,129명, 공민학교 417명, 후생시설 35명, 일반 시민 81,539명,

공설 피난민수용소 2,872명이었다. 8월 26일 인천시가 유엔구호물자 의류 8,510점과 통조림 156상자, 구두 13켤레 등을 각 동회에 나눠 군·경 원호 대상자 중 최극빈자를 최우선으로 지급하고 원주민 중 구호자, 피난민 중 최극빈자에게 엄선해 배급했다.[47]

  1951년 4월 인천에 6개 고아원이 새롭게 설립되었고 전체 217명이 보호받고 있었다.[48] 1952년 1월 31일 인천시에 소재한 고아원을 보면 송육원 44명(남 37, 여 7명), 계명원 116명(남 111명, 여 5명, 참고로 1953년 8월 246명(남 125명, 여 121명)), 동진보육원 70명(남 54명, 여 16명), 송광육아원 275명(남 261명, 여 14명), 해성

▲ 사진 23 | 1952년 1월 1일 구호미를 실고 온 트럭에서 쌀이 내려지고 있다(UN).

보육원 225명(남 14명, 211명), 경찰애육원 158명(남 92명, 여 66명), 선린애육원 158명(남 92명, 여 66명), 보영고아원 52명(남 42명, 여 10명)으로 총 1,102명(남자 713명, 여자 389명)이며 송육원·계명원·동진보육원·송광육아원 등은 중앙 관청의 허가를 받아 전쟁 이전부터 운영하고 있었다.[49]

인천구호병원은 1951년 5월 설립되어 의사 3명과 간호사 7명으로 전체 병상이 40개에 이른다.[50] 인천도립병원과 구호병원에서 전면적인 청소가 이뤄졌는데 아주 좋은 상태로 유지되어 피난민과 전재민들을 치료하고 있었다.[51] 1951년 9월 16일 인천구호병원(relief hospital)에는 원장 김영식을 비롯해 한현교·황인평·고문영·윤만익·이동식 등이 의사이며, 보조 이현세·이차술·강차안·정원조·김학교·김영기·최교택·김윤철·최만수·황장성·김기천·박두천이고 간호사 최봉순·백명희·김숙자·이윤림·김영숙·이봉림·최창순·김화숙·최봉인·박명숙·황순시 등이다. 강화 진료소(dispensary)에는 의사 김한식, 간호사 강기분 등이 근무하고 있었다.[52]

인천에서 '미공보원'의 전쟁심리전

8201부대는 피난민 구호와 사회 분야뿐만 아니라 문화 분야까지 확대해 전쟁심리전을 심화하는 각종 프로그램 운영에 나섰다.

전쟁심리전은 북한군이나 중국인민지원군의 군사적 심리전과 후방 한국민들의 정치, 사회, 문화 전 분야에서 전쟁 상황 인식을 통해 제5열 방지, 미국문화이식까지 포함하고 있었다. 제5열은 적이 내부에 들어와 파괴 또는 심리전 등을 펼치는 세력으로 1937년 스페인 내전에서 기인한 것이다. 8201부대와 미국정보국(USIA, 과거 첩보·정보수집·심리전 기능을 지닌 전시정보국(OWI)의 후신이며 첩보기능 CIA에 넘기고 나머지 기능을 흡수) 산하 해외 조직 일명 '미공보원(USIS)', 유엔군사령부, 극동사령부, 주한유엔통일부흥위원회, 한국정부까지 결합한 대규모 심리 작전이 피난민과 후방 국민에 전방위로 진행되었으며 전후 반공주의와 반공 재교육에 영향을 미쳤다.

미공보원 서울지부 인천분소는 1948년 2월 공보센터에서 출발했으며 1950년 9월 상륙작전 때 건물의 일부가 부분적으로 파괴되어 모든 프로그램을 중단했었다.[53] 그러다가 1951년 7월 서울지부가 경기도 전역을 관할구역으로 삼고 피난민 위생과 전쟁 상황, '전시 국민생활수칙' 등을 담은 「한국뉴스」, 「세계뉴스」 등을 발행해 인천, 수원 등지에 배포했다. 7월 2일 미공보원 소속 칼 바츠(Carl F. Bartz)는 인천, 수원, 서울 지역의 농촌 관객들에게 한국 영화를 보여주고자 두 대의 이동설비차량을 운영하고 있었다. 주로 문화영화 또는 뉴스영화가 상영되었는데 미공보원의 한국어 신문도 함께 배포했다.[54] 1952년 5월 20일 현재 인천에서 미

공보원 서울지부는 일반 시민과 피난민대상으로「한국뉴스」,「세계뉴스」뉴스영화와 쥐잡기 운동을 홍보하는「구서(驅鼠, Rodent Control)」, 십이지장충 예방을 담은「구충(Hookworm)」, 물은 끓여 먹어야 한다고 홍보하는「식수(water)」같은 문화영화,「적과 친구(friend or enemy)」라는 북한과 중국인민지군 바로알기와 공산주의 그리고 미국 자유주의를 선전하는 심리전 영화를 상영했다.[55]

8201부대에서는 인천지역에 발행되는 지역신문을 관리하고 있었다. 1951년 7월 2일 경기도팀 주간활동보고서에서 인천신문(1946년 창간)이 6,000부를 시작으로 다시 발행되었고 1952년 8월 31일 인천신문 외에도 인천일보(7,000부), 인천신보(대중일보 후신, 사장 송수안, 중앙동, 7,000부), 국민일보(주간, 1,000부), 한국신보(주간, 1,000부), 경찰주보(격주간, 5,000부) 등이 있었다. 같은 시기 인천시에서 처음으로 라디오 방송국이 설립되었다.[56]

다시 살아나는 기업체들

전쟁 초기 가동을 중단한 인천지역 대규모 업체들은 다시 기계를 돌리기 시작했다. 미군의 폭격이나 함포사격 등으로 파괴된 공장들은 미군 공병대 지원을 받아 재가동될 수 있었다. 일부 기업체는 국영기업화 되기도 했다. 일제강점기부터 인천지역의 산업시설들은 전쟁 직전에도 여전히 운영되고 있었다. 여기서 대표적인 몇 개 사업체 운영상황은 8201부대 경기도팀 보고서에서 확인되었다. 1951년 7월 8일 8201부대 경기도팀 주간활동보고서에서 조선정미소 인천지점(chosun rice mill)의 현황을 소개하고 있다. 이 정미소는 '한국에서 가장 크다'며 하루에 쌀 3,500포대(한 포대 60kg)과 밀 700포대(24시간)를 도정할 수 있는 플랜트 용량을 갖췄다. 벨트 장치, 롤러와 같은 일부 교체 부품을 제외하고 건물과 장비는 양호했다. 공장은 현재 상황에서 설치되고 있는 장비를 사용해 매일 약 1,000포대의 쌀을 능숙하게 처리할 수 있었다. 경성전기의 인천지점은 발전소에 적절한 전력을 공급하기 위해 300m의 새 노선을 설치하기로 합의했다. 이 노선은 7월 10일 완성될 것이고, 정미소는 7월 11일이나 12일에 가동이 시작될 예정이었다.

  미군 공병대 기술자들이 인천의 모든 주요 전력선을 사용했기 때문에 새로운 선을 배치할 필요가 있었다. 보고서에서 "미군이 대부분의 전기를 사용해 인천 재건의 문제를 일으킬 것으로"라고 평가하고 있다. 인천항만 일대와 부평기지 미 육군 부대가 도시의 특정 노선 부분만을 사용하고 있지만, 경성전기의 대부분을 이용해 일반시민들에게 돌아가는 전기 사용을 제한할 수밖에 없었다. 이에 경기도팀은 "가까운 장래에 장비의 여러 부분에 교체해야 한다."라고 제안했다. 경기도팀은 경상남도 부산팀 본부에 정미소 주요 부품목록을 보내 확인하고 있었다. 그 동안 발전소는 1/3의 용량으로 운영될 수 있어야 했다. 전력 소비량은 매달 약

45,000KWH가 될 것으로 추정되었다.

조선제빙공장은 미군 공병대 기술자들에 의해 군사시설과 행정기관에 얼음을 제공하고자 생산 준비에 들어갔다. 이 공장은 매일 60톤의 생산량을 위해 3주가 필요할 것으로 추정되었다. 이 작업을 감독하는 미 육군 공병대들은 기계 수리 및 부품교체를 위해 필요한 자료를 제공했다. 한국 노동자들은 다시 제빙공장에 고용되었다. 그 공장은 냉동탱크 당 약 400개의 용기와 좋은 상태를 유지하는 두 개의 냉동 탱크가 있다. 이 용기들 중 절반은 상태가 아주 좋은 반면 다른 4분의 1은 비음료용 얼음을 만드는데 사용하기 만족스럽다고 평가되었다.[57]

경기도팀 대표들이 인천의 금속공장을 방문했을 때 못을 생산하고 있었지만 몇 개의 철사 롤뿐인 것을 확인했다. 대한전기공업회사, 한국전기전선 인천공장은 전화선과 굵은 철사 등을 생산하고 있었으나 미 육군58병기탄약대대(Ordnance Ammunition)에서 점령해 이용하고 있었다. 이에 경기도팀은 다른 부대들과 함께 다른 장소로 이동하기를 희망하고 있었다.[58] 이 공장은 매달 약 20,000개의 못을 생산할 수 있으며 철사의 부족으로 인해 운영이 중단될 위기에 처했다. 서울이나 부산 등지에서 철사가 공급되지 않으면 공장은 운영되기 어려운 환경이었다. 인천 송림동 소재 인천고무공장은 안정적인 운영을 유지하고 있지만 생산량의 큰 증가는 예상되지 않았다. 제조업자들은 부산의 고무회사와 인천 지역의 고물수집자들에게 독려하고 있다. 특히 재료 공급이 너무 제한적이어서 생산 증가를 기대하기 어려웠다. 하지만 인천지역 고무공장 업주들은 더 많은 고무를 요청하고 있는 실정이었다.[59]

강화·옹진, 피난민들의 삶

경기도팀과 인천시팀은 강화와 옹진 여러 섬들의 구호와 지원에 큰 관심을 두고 있었다. 대부분 38선 이북 지역이나 이남에 거주한 개성, 연백, 옹진 사람들이었다. 이들 지역은 북한지역으로 바뀌어 대거 월남한 상태였다. 1951년 8월 19일 강화의 군민은 기존 주민들 외에도 피난 온 가평, 개성, 연백 주민 48,000명의 피난민들을 포함하고 있었다. 군청 사회담당자가 3일간 섬을 둘러보았다. 강화에 거주하는 피난민들은 피난민수용소 대신 강화 원주민의 주택에 임시거주하고 있었다. 인근 섬에서 온 10,000명의 피난민이 이번 주 한국 해군과 해병대의 지시에 따라 강화도로 이동했다.[60] 9월 9일 옹진경찰서 기록에 따르면 옹진면에서 3,300명의 피난민이 면에 거주하고 있었다. 피난민들은 원주민 민가에서 거주하고 있었다. 대부분 피난민들은 강화도 본섬과 동일하게 북한 출신 주민들이었다. 피난민 개인당 1과 1/2홉 정도 탈곡하지 않은 쌀과 보리가 배급되었다.

1952년 1월 11일부터 12일까지 경기도팀과 인천시팀은 강화도의 복지 상태를 점검하고자 강화군 내무국장 김웅화 등과 배편으로 들어갔다. 지방 관리들이 표현한 대로 본토와 세 섬(교동, 서도, 삼산) 사이의 수상 교통이 있지만 매우 불편했다. 강화군 관계자는 전쟁 전 모터를 장착한 선박을 운영하고 있었지만 전쟁 중 파손되어 바다 밑에 있다고 말했다. 지금은 한 개인이 소유한 선박만 남아 운영되고 있었다. 따라서 이 섬들에 대한 일반적인 구호 물품의 분배는 운송비로 60만 달러가 들었다. 모터를 설치하고 약 2천만 원에 수리할 수 있는 보트가 있었다. 경기도는 9월에 공식적으로 이 문제를 해결하려고 접근했으나 아직 명확한 답변을 하지 않고 있었다. 이 보트에 대한 필요성과 어떤 조치가 가능한지를 결정하기 위한 후속 대책이 필요했다.

강화군 관계자들은 곡물 외에도 구호물자가 기본적으로 필요하다고 느끼고 있었다. 전쟁 피해가 거의 없었던 본섬에 피난민과 빈곤층이 대부분 수용돼 있기 때문이다. 증가한 곡물 배분의 필요성은 겨울 동안의 수입이 없기 때문에 조사가 선행되어야 했다. 이 경우 구제 곡물에 대한 선정을 결정하기 위해 엄격한 검사가 필요했다. 이 지방의 할당량이 실질적으로 증가하지 않는 한, 그들은 구호 목적으로 추가 곡물을 받을 가능성이 없었다. 밤사이에 약 300개의 담요와 약간의 옷들이 도둑을 맞았다. 경기도팀과 인천시팀은 김포 성동리에 있는 경찰과 만날 수 없었다.

강화도의 구호 상태는 좋았다. 1951년 12월 초에 물품은 8201부대 경기도팀과 인천시팀 강화지역 대표에 의해 관리 위탁되었고 하룻밤 동안 보관되었다. 강화도 피난민은 주거지 문제가 꽤 잘 해결되고 있었다. 강화군 관계자에 따르면 섬 남부의 주택에는 4,000개 이상의 주택공간이 있다고 했다. 가장 큰 문제는 인구 1만 명의 교동면이다. 게다가 현재 약 2만 명의 피난민이 살고 있는데 이들 중 많은 사람이 추가로 거주하고 있었다. 12월 동안 대령 뮌스크가 점검한 결과 피난민 1,460명이 본섬으로 이동되었다. 관리들은 현재 강화에 5,000명 이상이 다른 지역으로 이동할 준비를 하고 있지만 피난민들도 전원 수용하고 있었다. 이날 현재 1,000명의 피난민들만이 이주할 의향이 있다고 보고되었다. 관리들은 겨울나기를 위해 교동에 있는 피난민들에게 더 많은 볏짚을 제공하고 있었다. 그들은 추가적인 목재가 필요하지 않다고 말했다. 인천시팀은 강화군 지방 공무원들이 꽤 일을 잘하고 있다는 인상을 받았다. 그러나 인천시팀은 교동에 대해서는 추가적인 조사가 필요하다고 평가했다.[61]

▲ 사진 24 | 1950년 9월 5일 인천에서 가족사진을 보고 있는 북한군 병사들(RG 242, NM44-299, Box 717).

4. 점령지 인천에서, 편지를 보내다

자강도 만포군 교산면 미타리 제1반 신선옥 1950년 9월 12일

경기도 인천시(우편국사서함12의4호) 한응수 올림

치에게 들이는 편지

그간 편지를 못바다바서(못 받아봐서)마는 금심(근심)하신
지 나는 몸 경강(건강)하여 조국가(과) 인민을 위해서 정치학
습과 훌년(훈련)를 섭둑(습득. 인실히)하고 이스이(있으니) 하
라버지(할아버지)와 몸경강(건강)하오니까 어머님도 몸 건강
합니까 나는 평야(평양)서 동무들를 집게서 하나와스나(하여
왔으나) 나보다도 몬저(먼저) 3日일 몬저앞써(먼저 앞서) 나
가슨이(나갔으니) 나는 혼자서(혼자서) 경기도 인천시을(를)
왓습니다(왔습니다) 그 세간 편지 열악잇서스니(연악하였으
니) 이제부턴 편지열락(연락)해 주식기(주시기)를 바랍나이
다(바랍니다)

그러나(그러나), 나는 근심하는 깃슨(것은), 강철수동무에
게 금전를(을) 오백원 꿔서가지고 왔습니다(왔습니다) 신선
옥 동무는 이 금전를(을) 어딧킷신지(어떻게 하든지) 갚아 주
시오. 신선옥동무는 나는 통일리대면(동일이 되면) 만나볼수

가 있습니다(있습니다) 희망을 더 크다(안 많은 없으다) 이실
으로서 잘(#)

경기도 인천시 내무성 ○○부대 ○대대 ○중대 11소대 ○
분대 1950년 9월 12일 신천옥 올임

위의 글은 남편 한응수가 부인 신선옥에게 보낸 편지
다. 한국전쟁 발발 직후 북한인민군은 개전 3일 만인 6월 28일 서
울을 점령하고 6일 뒤 7월 4일 12시 30분 인천을 완전 점령했다.
한응수는 정규군에 있다가 다른 부대와 함께 남하하지 않고 인
천시 내무성에서 근무하고 있었다. 그는 9월 15일 인천상륙작전
3일 전에 부인에게 편지를 보냈다.

이 편지에 담긴 한응수의 마음과 그 속에 묻어나는 체취는 무엇
일까. 또한 그가 부인에게 사무적으로 대하는 태도와 느낌 등을
살펴보고자 한다.

부인에게 보내는 편지

한응수는 현재 자강도 만포시 미타리가 고향이다. 원래 만포
시는 평안북도 강계군 만포면 지역이 1949년 1월 만포군으로,
1967년 11월에 시로 승격되었다. 미타리 마을은 압록강변과 가까
이 있으며 중국 길림성과 마주하고 있다. 만포시 남서쪽에 위치한

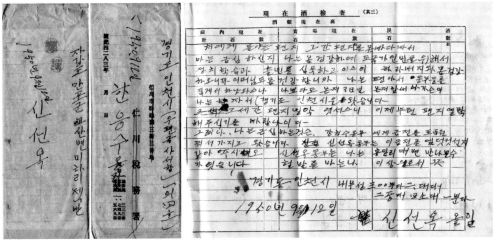

▲ 사진 25 | 1950년 9월 12일 한응수가 신선옥에게 보낸 편지(RG 242, NM44-299, Box 717).

미타리는 조선시대부터 유명한 귀양살이 지역이었고 농사도 잘 되고 풍경도 아름다운 곳이라고 알려졌다. 특히 만포시의 '세검정 터(洗劍亭址)'는 국가지정문화재보존급 제816호로 지정되어 있다. 세검정은 압록강변의 벼랑 위에 서 있었던 조선시대의 정자이다. 1636년 조선에 침입한 청나라군대를 물리치고 이곳에서 피 묻은 검을 씻었다고 하여 그 이름을 세검정이라 지었다. 그럼 한응수의 고향 이야기는 이쯤에서 접고 다시금 편지 이야기로 넘어가자.

점령지 인천에 거주하던 응수는 약 3개월 만에 부인에게 편지를 보낸다. 그가 보낸 편지봉투는 인천세무서(인천시 송학동 3가 3번지 소재)에서 사용하는 업무용인 듯하다. 편지지는 '현재주검사

주류현재고(現在酒檢查 酒類現在高)'라는 업무용지다. 이때는 전쟁 통이라 제대로 된 봉투나 편지지가 없었음을 알 수 있다. 이 편지 외에도 대부분의 편지는 공책이나 회계장부 등이 다양하게 사용 되고 있었다.

그동안 편지를 보내지 못한 미안한 마음에 응수는 선옥에게 '근 심하신지' 아니면 '몸은 건강한지'부터 안부를 물어본다. 이어 자 신이 건강하다는 얘기와 정치학습 및 훈련을 열심히 습득하고 있 음을 밝힌다. 또한 할아버지와 어머니의 건강도 물어보는데, 이쯤 에서 응수의 가족관계를 알 수 있다. 할아버지는 있으나 할머니가 없고, 어머니는 있으나 아버지가 없는 듯하다.

전쟁에 참전한 응수는 평양에서 훈련을 받고 여러 동료와 함께 오지 못하고 3일 늦게 인천에 혼자 도착했다. 그는 자신이 낙오병 인지 아니면 어떤 특별한 이유로 혼자 오게 되었는지 그 경위는 밝히지 않고 있다.

유서 같은 편지

편지 앞머리에 응수는 부인과 가족들의 안부와 인천까지 오 게 된 과정을 간략하게 소개했다. 그는 어떻게 전선에서 지냈는 지, 인천에서 무엇을 하고 있었는지를 구체적으로 말하지 않고 있 다. 다만 응수는 '이제부턴 편지 연락해 주기를' 바라고 있었다. 하지만 그를 비롯한 인천 주둔 인민군들은 연합군의 인천상륙작전 3일을 앞두고 있었다. 말 그대로 인천 지역은 폭풍전야를 앞둔 급박한 시기였다. 언제 죽을지도 모르는 상황에서 웅수는 처음이자 마지막 편지 혹은 유서가 될지도 모르는 편지를 9월 12일 쓰게 된 것이다.

그의 편지 말미에는 유서 같은 느낌을 강하게 풍기고 있다. 그는 부인에게 강칠수로부터 빌린 500원을 갚아주도록 부탁하고 있다. 또한 남편은 선옥에게 '통일이 되면 만나볼 수가 있다'라고 묘한 여운을 남기고 있다. 이 짧은 편지에는 다급한 마음과 무언가 말하지 못하는 그 느낌까지 담겨 있다.

애달픈 누님에게 보내는 편지

한응수와 같은 고향인 박택남은 누이 박혜자에게 편지를 보냈다. 앞의 편지처럼 오랜만에 소식을 전하는 택남은 누이를 비롯해 가족들의 안부를 묻는다. 고향에는 모두 여자들만 남아 있었다. 그의 누이는 자동차사업소에 근무하고 있는 모양이다. 그가 보낸 편지의 전문이다.

경기도 인천시 우편국 사서함 1의4호
박택남

1950년 9월 11일

자강도 자동차사업소 억전앞

박혜자 앞

누님에게

누님 안녕하십니까 나는 누님에 덕택으로 인천시에까지
도착하여 지금 영웅도(영흥도)라는 섬에 와 있음이다 누님을
지금 사업소에 다니고 있는지요 그리고 애전이도 안녕하게
신지요 그리고 누님은 치부 숙자를 욕하지 않고 어머니의 속
을 태우지 마섭시오 그리 나는 꼭 도라(돌아)가겠습니다

누님은 어머니가 몸이 아파하시면 어머니의 일을 돌보아
주섭시오 꼭 부탁합니다 그리고 누님은 애가 도리갈난만(돌
아간 난만) 지(기)다려주섭시오

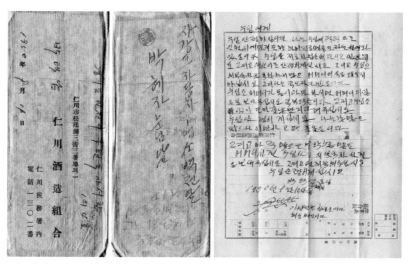

▲ 사진 26 | 1950년 9월 11일 박택남이 박혜자에게 보낸 편지

누님 안녕히계(새)십시오 나는 할 말은 많으나 이만하고
편을 놓습니다. 그리고 마주막(마지막)으로 부탁할 말은 어
머니 사진 누님 사진 치부 숙자 사진을 보내주십시오 그리고
편지 꼭해 주십시오 누님 안녕히게십시오

박택남 누님에게 올림

1950년 9월 11일

택남은 어머니, 누이, 치부 및 숙자의 사진을 꼭 보내달라고 부
탁했다. 앞의 한응수처럼 장남인 그는 꼭 살아서 돌아가겠다고 말
하고 편지를 자주 해 달라고 덧붙였다. 그는 응수보다 하루 먼저
편지를 작성했다. 새로운 전투가 다가오고 있음을 알고 있는 택남
은 누이에게 돌아갈 날만 기다려 달라고 애달픈 마음을 담아내고
있다. 영흥도는 인천상륙작전 지역인 월미도 바로 옆이었다. 택남
은 살아서 돌아갈 수 있었는지 알 수가 없다. 그가 편지를 쓴 다음
날 9월 12일부터 인천 일대에 미군의 폭격이 시작되고 있었다.

오빠, 여동생에게 보내는 마지막 편지

함남도 북청군 속후면 간도리
엄정자 앞

경기도 인천시 우편 ○ 사사함 ○의 ○호
염대식

정자에게 보내는 편지

정자 동무 기대하고 기대하던 나의 소식을 오느러야(에야)
말로 동무에게 전하기 되었습니다(전하게 되었습니다). 동무
는 2개월 동안에 몸 건강히오십니까. 저는 평북도로부터 인
천시 이곳까지 무사히 도착하였습니다. 동무는 집에 지금
농방기(農方期, 농번기)에 얼마나 수고 하십니까. 인천시에
해방된 지역에 와서 가감(한) 사상투쟁을 전개하고 있으니
동무께서는 안심하시오. 나는 매일 매일 군사학습과 정치학
습에 노력하고 있습니다. 마지막으로 동무에(의) 건강과(을)
축복하는 바입니다. 해방된 인천시에서 씀.

이 편지는 염대식이라는 인민군이 함경남도 북청군 속후면(俗
厚面) 간도리(間島里)에 살고 있는 염정자에게 보낸 것이다. 위의
편지 내용은 너무나 형식에 얽매여 있으며 동생 정자에게 존칭과
'동무'라고 사용할 정도로 딱딱한 분위기를 담고 있다.

간도리는 1949년 속후면 간도리로 있다가 신창군 광천리로 변
경되었고 1995년 금호지구 광천리로 현재에 이르고 있다. 이 지
역은 서부지역에 수암산(秀岩山, 368m)을 비롯한 산들이 솟아 있
고 북동부에 남대천(북청) 연안을 따라 평탄한 평야가 넓게 펼쳐

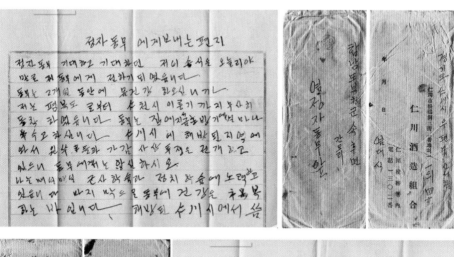

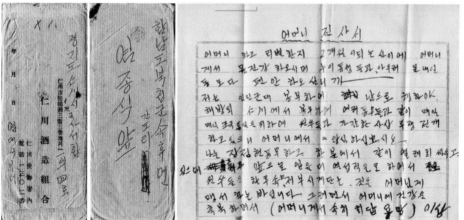

▲ 사진 27 | 염대식이 염정자와 종식에게 보낸 편지들

져 있다. 이 마을은 전체가 산림으로 쌓여 있고 일부 논농사를 하고 있다. 참고로 이 동네는 신포시와는 32km 떨어져 있다.

앞의 편지는 남편이 부인에게 보내는 것이라면, 이 편지는 오빠가 여동생에게 보내는 안부편지이다. 대식은 가족들이 논농사에 정신없겠다는 생각을 하고 있었다. 편지에는 여동생이 농번기에 '얼마나 수고'하는지 적혀 있다. 또한 대식은 형인 종식 앞으로 어머니께 편지를 함께 썼다.

염대식 인천
염종식 앞
함남도 북청군 속후면 간도리
어머니 진상서
어머니하고 리별한지 2개월이 되는 사이에 어머니께서 몸 건강하오시며 누이 동생들과 아우러 문내일동 모다 편안하오십니까.
저는 인민군대 봉무하여 남으로 행하야 해방된 인천에서 봉무하여 여러 동무들과 같이 매일 매일 조국통일을 위하여 원수들과 가강한 사상투쟁 전개하고 있으니 어머니께서 안심하십시오. 나는 정점현 동부하고 한 분에서 같이 열렬히 싸우고 앞으로 임을 더 열성적으로 하여서 원수들을 하루 속히 처부수겠다는 것을 어머니께 맹시하는 바입니다. 그러면서 어머니께 축목하면서(어머니께서 속히 회답 요망) 이상

형님 친우상서

형님하고 이별후 집에서 농방기에 얼마나 수고 하오시며 그간 긴체망강하오시며 가족일동 망연하오십니까. 나는 군대에 복무하여 남으로 행하여 해방된 인천시에 와서 건강한 몸으로서 원수들과 매일 가긴한 투쟁을 진개하고 있습니다.

형님께서는 안심하여 앞으로 제기되는 농업 현상사업은 더 일층 노력하여 달나는 것은 부탁하면서 저는 장정현 동무 하고 본 분대에서 사업을 하고 있습니다. 마지막으로 형님 건강을 축복하면서 해방된 인천에서 씀

함남도 흥남시 공업대학

엄주서 귀하

염대식

경기도 인천시 우편국 사서함1의4호

앞의 두 편지는 유사한 내용을 담고 있다. 앞에서 소개한 한응수나 박택남은 한 가족에게만 편지를 쓰고 있다. 그러나 염대식은 형과 여동생에게 각각 나누어서 썼다. 그가 편지 쓴 일자는 다른 사람들과 동일하다. 마지막이라는 생각에서 그런지 대식은 축복이라는 단어를 자주 사용하고 있다.

대식은 앞의 두 사람과 달리 통일을 강조하고 빨리 답장을 받고 싶은 마음이 담겨 있다. 전황이 생각보다 전혀 다르게 흘러가고 있음을 감지한 그는 가족을 만나거나 그 소식을 듣고 싶었다. 전쟁이라는 특수한 상황에도 가족을 찾고 있는 대식은 남한 내의 여

느 자식과 같은 마음이라고 하겠다.

전달되지 못한 편지

인천에 주둔하고 있던 인민군은 제9사단 87연대, 서울 18사단, 849대전차포연대, 25기갑사단, 17기갑사단 등이었다. 87연대는 1950년 7월 11일~8월 12일까지 서울 경계 근무하다가 인천으로 이동해 연합군 상륙작전까지 그 자리를 지키고 있었다. 한응수가 인천 내무성 300부대에 편성되기 이전에는 어느 부대에 있었는지는 확인할 길이 없다.

그가 9월 12일 편지를 쓴 날은 미 공군과 7함대가 인천 등지에서 공습 및 함포사격을 시작한 날이다. 따라서 인천 지역은 미군의 집중포화로 혼란한 상태였다. 9월 15일 상륙작전 직후 연합군은 인민군과 시가전까지 벌였다. 인천 주둔 인민군은 9월 17일 부평까지 밀려나갔고 상당수의 전사자를 낳기도 했다.

따라서 한응수 등의 편지는 16일 양측의 시가전이 끝난 시점에서 미군의 손에 들어갔을 것이다. 결국 그의 편지는 부인에게 전달되지 못하고 미국으로 실려 갔다. 이 편지의 주인공들이 살아남았는지 도무지 알 수 없다. 군사우편행낭에 담겨 고향으로 가지 못한 그들의 편지는 분단이라는 아픔을 안고 다시 세상 밖으로 나오게 되었다.

2장

불타는 인천,
사라진 사람들

▲ 사진 28 | 사진 설명에는 1950년 7월 1일 수원역 앞에 모인 인천소년형무소 수감자들이라고 되어 있다. 그러나 행콕의 사진은 1950년 6월 28일 ~ 29일 사이 촬영된 영상과 동일한 장소에서 같은 장면을 촬영한 것이므로 날짜를 잘못 기입한 것으로 보인다. 사진은 7월 1일이 아니라 6월 29일에 촬영한 것이다(RG 111, Box 723, SC-343053).

1. 인천소년형무소와 사라진 사람들

〈사진 28〉은 극동사령부 71통신대 A중대 일병 로널드 행콕(Ronald L. Hancock, 플로리다주 잭슨빌 출신)은 수원 역전파출소 앞마당에서 100여 명 이상 되는 소년들을 보고 사진기 셔터를 눌렀다. 역전파출소 앞에 모인 경찰과 달리 짧게 잘린 머리카락에 굳은 표정이 가득한 소년들과 고개를 떨어뜨린 채 앉아 있는 소년들, 행콕 일병이 서 있는 방향으로 고개를 내밀어 불안한 눈초리로 쳐다보는 소년들까지 불안한 공기가 느껴진다. 전신주와 함께 늘어진 수양버들처럼 소년들은 참담한 표정이 다르지 않다. 행콕이 연속 촬영한 사진 뒷면 설명문에는 '1950년 7월 1일 북한전쟁포로'라고 적혀 있다. 하지만 '북한포로'라고 지목한 소년들은 옷차림이나 신발 등을 봐서 명확하지 않다. 어떤 소년들은 맨발에 짧은 상복을 입고 있었다. 이 자리에서는 군인이 아니라 경찰들이 소년들을 감시하고 있었다. 대부분 포로들은 전선에서 포획되어 인근 군부대 막사나 집결소에 수용되었다. 같은 날 동일한 장소에서 촬영한 영상을 보면 71통신대 소속 병장 월리

△ 사진 29 | 이 영상캡처는 〈사진28〉과 동일한 장소에서 1950년 6월 28일과 29일 사이 촬영된 것이
다(RG 111, ADC-8082).

스 포스노트(Wallace Fosnaught)와 상등병 존 로마노프스키(John S. Romanowski, 시카고 출신)가 작성한 현장설명카드에 '1950년 6월 29일 한국 수원, 한국정치범(Korean political prisoners)이 땅바닥에 앉아 있다'라고 기록하고 있다. 미군 사진병과 영상병이 소년들을 전혀 다르게 인식하고 있었다. 1분 56초 분량의 영상에는 〈사진 29〉와 달리 전쟁포로라고 볼 수 없는 소년들의 다양한 표정을 잡아내고 있다. 영상에 등장하는 '정치범'들은 어디서 왔으며 어떻게 붙잡혔고 어디로 가는 것일까. 사진과 영상에 나오는 사람들은 지금도 생존하고 있는지, 사라졌다면 어떻게 되었을까. 이 사건과 유사한 민간인 학살사건과 좌익단체의 보복 학살사건 등이 인천에서 끊임없이 벌어졌다. 70년이 지난 지금에도 완전한 진상규명에 이르지 못한 극단적인 사건의 역사를 따라가 보자.

까까머리 소년들

사진과 영상에 나오는 소년들은 전쟁 이전으로 거슬러 올라가야 그 정체를 이해할 수 있을 것이다. 양일화(92) 할아버지는 1948년 11월 20일 나이 16세 때 한림 금악에서 제주읍 친척집으로 가던 중 서문다리(지금의 서문로) 인근에서 대한청년단에게 잡혔다. 그는 무장대를 도왔다는 등 각종 죄를 뒤집어쓰고 관덕정에 위치한 경찰서에서 고진 고문을 받아야 했다. 경찰은 양 할아버지에게 "산 사람과 연락하느냐"며 발목을 묶어 매달아 장작으로 마구 팼고, 끓는 물에 고춧물을 타 코에 부었다.[01] 한 달이 지난 뒤 12월 27일 군법회의에서 형법 제77조 내란죄로 징역 5년을 선고받아 인천형무소에 수감되고 말았다. 그와 동일하게 제주도 여러 곳에서 체포되어 군법에 회부된 사람들은 12월 3일부터 12월 27일까지 총 12차례 계엄고등군법회의 재판을 거쳐 형법 제77조 위반(내란죄)이라고 판결받았다. 같은 시기 양 할아버지와 함께 계엄고등군법회의에서 총 871명의 민간인들은 목포·마포·대구에 성인들, 인천소년형무소에 소년수, 여수지역은 전주형무소로 이송되었다. 19세 이하의 소년들은 인천소년형무소로 이동했는데 징

▲ 사진 30 | 수원 역전파출소 앞에 모인 인천소년형무소의 '정치범'들은 인천에서 대전으로 이송 도중 수원역에 모여 있다. 이들 중 일부는 인천에서 탈출해 수원역에서 잡힌 경우도 있었다(RG 111, Box 723, SC-343057).

역 15년 56명, 징역 5년 58명, 징역 1년 52명 총 166명이었다.[02]

한중원(74, 서귀포시 강정동), 이보련(72, 제주시 이호1동), 강태룡 (72, 제주시 용담2동), 고만형(72, 서귀포시 하효동), 김정식(70, 제주 시 연동), 박동수(68, 제주시 용담동), 양근방(68, 조천읍 와흘리), 부원 휴(73, 제주시 일도1동) 등이 같은 시기에 인천소년형무소에 수감 되었다. 이들은 전쟁발발 직후 북한인민군이 형무소를 장악함에 따라 출소해 각지로 흩어졌다. 6월 30일 형무소 직원들이 수원으 로 피신해 버리자, 제주출신자 300여 명은 분산되어 수원으로 이 동했다고 한다. 7월 3일 인민군이 인천을 점령하자 다시 직원들은 도피하고 형무소에는 북에서 내려온 형무관들이 배치되었다. 남은 수형자들은 인민군 의용군에 편입되거나 9.28 수복 뒤 인민군에 강제로 끌려가고, 일부는 상당수가 예비검속자들과 함께 총살되었다.[03]

1947년 3월 1일 오전 11시 '제8주년 3.1 기념 제주도대회'가 제주북초등학교 주변에서 개최되었고 2~3만 이상의 시민들이 모여 질서 있게 진행되던 중 오후 2시 45분께 관덕정 앞 광장에서 기마경관이 탄 말에 어린이가 채여 시민들은 항의했다. 이에 기마 경찰은 항의하는 시민들에게 발포해 6명이 숨지고 6명이 중상을 입었다. 이 사건은 4.3항쟁으로 이어지는 계기가 되었다. 3.1 발포사건 이후 3.10 총파업과 미군정의 미진한 조사와 시위자 검거, 더 나아가 주민과 경찰 사이 충돌, 2.9 사계리 경차관 린치사건, 3.6 조천중학교 2학년생 김용철 고문치사 사건까지 겹쳐 남로당 제주군당의 무장투쟁과 남한단독선거 반대투쟁으로 이어진 소용돌이에서 미군정과 군경은 제주도민을 '불순분자' 혹은 '빨갱이'로 지목했다. 서북청년회를 비롯한 우익단체들이 주민들을 무차별 고문하고 학살했다. 결국 주민들은 무장투쟁과 상관없이 산으로 피신했지만 '무장대' 혹은 '유격대원'이라고 오인당해 집단학살 되었다. 19세 이하 소년들은 부모와 함께 피신한 죄 밖에 없었지만 '폭도'로 몰려 군법회의에 회부되어 재판을 받아야 했다.

억울한 옥살이를 한 양 할아버지는 형무소 간수들과 함께 수원

역전파출소 광장에서 "당시 넓은 광장에 꿇어앉은 자들은 우리 형무소 사람들"이라며 "이후 차에 올라 끌려갔는데 3일 동안 밥도 주지 않았다."고 말했다.[04] 그는 북한군에 다시 잡혀 북한인민군에 강제로 끌려갔다가 미군에게 포획되어 부산포로수용소와 거제도 포로수용소를 거쳐 석방되었다. 그러나 일부 사람들은 대전형무소에 끌려가 7월 1일부터 대전 산내면 골령골에서 보도연맹원들과 함께 집단학살된 것으로 알려져 있다.

또 다른 민간인 학살

전쟁 직전 이승만 정부는 과거 좌익단체에서 활동한 사회주의자, 빨치산이나 야산대에 음식을 줬다는 이유로 억울한 옥살이를 하다가 출소한 사람들을 국민보도연맹에 가입하도록 했다. 남로당원 출신자들은 탈당성명서를 내고 사동적으로 보도연맹에 기입되었다. 하지만 정부는 맹원수나 가입자들을 증가시키고자 일반 주민들까지 강제 가입시켰다. 1949년 12월 이후 인천뿐만 아니라 전국적으로 보도연맹 결성식이 시·도·군·읍·면까지 이어졌고, 사상선양대회니 시국 강연회, 문화예술 행사까지 개최되었다. 전쟁이 발발하자 정부는 보도연맹원들을 북한에 협력 또는 협조할 가능성이 있다면서 예비검속하기에 이르렀다. 인천지역은 1950년 6월 29일 일시 피난한 인천지역 경찰들이 복귀해 인천시청에서 열린 인민위원회 주도의 대책위원회 참석자를 비롯해 보도연맹원 및 '요시찰인' 등을 예비검속하기 위해 오후부터 7월 3일까지 인천지역 민가를 샅샅이 뒤져 무차별적으로 연행해 소월미도로 끌고 가 살해했다.[05] 인천 탈환 직후 해병대는 북한군에 협력했다는 이유로 시민들을 연행하고 11월 말까지는 인천시 대한청년단원으로 조직된 치안대가 각 동과 리 단위에서 부역혐의자를 임의 연행해 경찰로 넘겨 그 때 인천경찰서와 동인천경찰서 유치장용 창고에 각 700~800명과 400~500여 명의 사람들이 콩나물시루처럼 가득 차 있었다.[06] 경인군검경합동수사본부는 부역자들을 A, B, C로 분류해 B급 이상은 군법회의에 회부하고 나머지 52명은 12월 말 소월미도, 덕적도, 팔미도 등지로 끌고 가 학살했다. 덕적도와 영흥도에서 해군 육전대 및 첩보대가 비무장한 민간인들을 수장시킨 사건이 발생했다. 이처럼 전쟁기 인천지역에서 발생한 비무장 민간인 학살 사건은 적법한 절차를 무시하고 이뤄진 것이다.

인천경찰서 유치장에서 보복학살

앞에서 본 한국 군경의 민간인 학살만이 아니라 북한인민군 점령기 협력한 인천지역 좌익단체 세력들도 동일하게 학살에 나섰다. 1950년 7월 4일 북한군이 인천 전역을 점령하고 미처 피난을 떠나지 못한 대한청년단 인천시지부 간부, 형사, 반공연맹위원, 방첩대(CIC) 문관 등을 체포해 인천경찰서 유치장이나 학익동 인천소년형무소에 수감시켰다. 전쟁 직후 보도연맹원들의 학살에 반감을 가진 유족이나 맹원들은 인민군과 협력해 우익인사들을 집집마다 방문해 색출하는데 동원되었다.

1950년 9월 16일 극동사령부 본부 첩보국(G-2)에서 미 해병대 방첩대(CIC) 팀으로부터 받은 보고서에 따르면 차상록(車相綠, 30, 대한청년단원, 인천시 서창동 144), 김규환(20) 두 명은 방첩대에 1950년 9월 15일 유엔군 상륙할 때 인천 보안서 대원들에 의해

▲ 사진 31 | 1950년 9월 15일 동인천경찰서 유치장에서 학살된 희생자들을 살펴보는 미군(RG 554, A1-24, Box 7).

인천경찰서 유치장에서 집단학살이 저질러졌을 때 생존자이다. 그들은 "35명이 사망하고 50명이 부상당했다."고 증언했다. 본부 요원들은 죄수들의 시신을 보고 그들이 감방에서 살해된 것이 분명하다는 것을 확인했다. 김규환은 "1950년 8월 17일 나와 아버지는 라디오를 소지한 죄로 보안서에 체포되었다."라고 증언했다.

미군 공습으로 경찰서의 유치장 일부가 파괴되자 죄수들은 탈출하기 시작했으나 3명은 소총에 맞아 숨졌다. 약 2시간 후, 공산주의자인 박기분이 다른 교도관들과 함께 모든 경제수들을 감옥에서 석방했다. 그리고 그들은 모든 정치범들이 수감되어 있는 위층으로 올라와서 우리에게 두 줄로 서서 감방에 앉으라고 명령했다. 소총소리와 울음소리는 다른 감방에서 시작되었고 그것은 우리 감방에서도 이어졌다. 그들은 총격 후 계단을 내려갔다.[07] 최경록은 "경찰서에서 나는 거짓말을 했다는 비난을 받고 감방에 넣어졌기 때문에 심문을 받고 막대기로 두들겨 맞았다. 1950년 9월 15일 저녁 6시 포탄이 경찰서를 덮치기 시작했기 때문에 그들은 우리에게 두 줄로 앉으라고 명령했다. 교도관 6명이 각각 감방에 총을 쏘기 시작했다. 96명의 죄수들 중 35명이 죽었고 약 50명이 부상당해 살아 남은 사람은 11명 뿐이었다."라고 진술했다. 두 민간인 학살은 인천 지역에서 일어난 원주민들의 보복학살에 가까운 사건이며 극한 이념 대립의 결과물이다.

그러나 여기서 끝나지 않았다. 9월 15일 작전 직후 국회에는

▲ 사진 32 | 1950년 9월 15일 이후 인천소년형무소 전경. 사진에 나오는 사람들은 북한인민군 포로들이다(ICRC, V-P-KPKR-N-00023-01A).

9월 17일 '부역행위특별심사법안'과 '사형금지법' 등이 상정되었다. 합동수사본부는 전쟁 직후 북한군의 점령 이전에 피난을 떠난 인천시민과 미처 떠나지 못해 북한군에 협력한 시민으로 양분시켰다. 1950년 8월 18일부터 9월 30일 사이에 덕적도·영흥도 주민 30~40명은 부역혐의자로 지목되어 해군 육전대와 해군 첩보대, 해양공사요원에 의해 희생되었다. 10월 4일부터 1951년 2월 사이 경인군검경합동수사본부는 부역혐의자 2,600여 명을 조사하고 200명은 A급, 400명을 B급, 2,000명을 C급으로 나눴는데 B급은 인천소년형무소에 수감시키고 C급은 모두 석방했다. 특히 A

급은 인천지구 계엄사령부에서 월미도 또는 팔미도 인근에서 즉결 처형한 것으로 알려져 있다. 또 다른 증언에서 부역혐의를 받은 시민들은 경찰, 방첩대, 헌병 합동으로 민간선박에 태워져 팔미도 인근으로 끌려가 수장되었다고 한다. 그 외에도 동인천경찰서 유치장에서 부역혐의를 받은 사람들이 '시커멓게 타 있었다.'라는 증언과 9월 28일 1010헌병대장 송효순 중령의 증언에 따르면 일부 부역자들이 즉결처분되었다고 한다.[08]

진실규명과 화해의 손짓

한국전쟁기 인천에서 발생한 민간인 학살사건은 좌우든 상관없이 비무장 민간인에게 저지른 불법 학살임을 알 수 있다. 이 사건들은 쌍방의 보복에서 시작되어 증오라는 감정과 이데올로기 등이 중첩되어 만들어졌다. 전쟁기간 좌우 민간인학살 사건은 쌍방에서 서로 책임이 있다고 심리전과 선전전에 이용되었다. 그 뒤 보도연맹원과 지방 좌익에 의해 희생된 유족들이 진실화해위원회에 진실규명을 결정해 달라고 요청했다. 이처럼 같은 장소에서 서로 다른 성격의 사건이지만 모두 불법에서 벌어진 학살임을 부인할 수 없는 사실이기 때문이다.

이제 70년 동안 이념의 소용돌이에서 벌어진 극단적인 사건은 서로 화해가 가능할 것인가. 쌍방의 극단적인 행위인 전쟁에서 파

생된 민간인 학살 사건은 과거 냉전과 이념의 잣대가 아니라 인권
과 평화의 시각에서 해결하려는 의지가 필요하지 않을까. 두 사건
의 사실을 직시하고 이해하려는 행동이 요구된다.

KOREA
SEOUL AND EN

GENERAL HEADQU
Military Intelligence
General Sta

CITY PLA
OF
INCH'ON

LEGEND
BUILDING
BUILDING, UNDER CO
RAILROAD, SINGLE
RAILROAD, NARROW
ROAD, PRIMARY
ROAD, SECONDARY
LOOSE STORES
COAL
TANK, OIL OR GAS
LOW WATER LINE

SALT PANS

M U D   F L A T S

MAP BASED ON AMS L951
KOREA CITY PLANS INCH'ON
1:12,500   1946

▲ 사진 33 | 1950년 9월 불타고 있는 월미도의 집들을 뒤로하고 해병대가 월미도 주민과 대화하는 장
면(RG 127, GK-234, Box 27, 71-A2740).

2. 월미도가 불타다

        군인들과 한 민간인이 서서 이야기를 나누고 있는 동안 지붕에서 연기와 불길이 맹렬하게 타오르고 있다. 사진의 뒷면에 "1950년 9월 인천상륙작전을 수행 중인 미 해병1사단 대원들에게 월미도 주민이 통역관을 통해 지형을 설명해 주고 있다."라고 짧게 설명문이 달려 있다. 정지된 사진에서 군인과 주민보다 활활 타는 집들은 말 그대로 배경에 지나지 않고 있다. 그러나 우리는 신화처럼 바뀐 월미도 전투에서 무시할 수 없는 사실이 하나가 있다. 네이팜탄에 사라진 민간인과 불타버린 집들은 미군이나 한국군 사진에서 쉽게 찾아 볼 수 없는 이미지였다. 이 사진 설명은 불명확한 촬영날짜와 촬영자가 누구인지도 알 수 없어 매우 불친절하다. 날짜는 1950년 9월이고 제일 하단에 국방부 사진(해병대)이라고 나올 뿐이다. 상당수 해병대 사진에서 날짜와 장소, 촬영자가 기재되지 않았다.

    사진에서 화염에 휩싸인 집의 지붕은 전체 구도에서도 매우 중요한 의미를 담고 있지만 정확하게 무엇을 말하려는 것일까. 월미

▲ 사진 34 | 1950년 9월 10일 월미도에 폭격을 가한 해병항공대 소속의 콜세어(F4U)가 이륙을 준비하고 있다(127-GR-30-206-A5186).

노 주민이 해병대 통역관에게 지형정보를 전달하고 있다고 하지만 자신의 집이 불타고 있는데 하소연조차 꺼내지 못하는 심성까지 사진 설명에서 담아내지 못하고 있다. 사진예술평론가 수잔 손탁은 『타인의 고통』에서 "사진은 대상화한다. 사진은 어떤 사건이나 인물을 소유할 수 있는 그 무엇으로 변형시켜 버린다."[09]라고 사진의 특성을 분석하고 있다. 여기서 앞의 사진은 불타는 집보다 해병대가 월미도 주민과 협력하는 이미지의 변형이라고 하겠다. 월미도와 인천 하면 떠오르는 상륙작전은 피어오르는 연기와 함선에 앉은 맥아더의 이미지에서 '영웅 신화'를 만들어내었다. 이

▲ 사진 35 | 월미도 폭격 후 모습(127-GR-10-73-A2716 001-ac).(상)
　사진 36 | 1950년 9월 15일 월미도에 상륙한 해병대원이 네이팜 화염방사기로 북한인민군을 향해
　발사하고 있다(127-GR-22-153-A2799 001-ac).(하)

글은 영웅 신화에서 그려진 월미도 전투 이야기가 아니다. 월미도 전투는 군사학이나 전기에서 여러 차례 재생산되었다. 그러나 전쟁의 참상에서 가려지고 제외된 사람과 살상무기 네이팜탄이 만들어낸 월미도 이야기는 이제 시작이다.

영웅 신화에 가려진 무자비한 폭격, 월미도

> "96.8기동전투부대 제1두 리차드 쿠불의 해병대 비행사들은 네이팜탄으로 섬을 불태울 것이다."
> "항공모함에서 이륙한 해병항공기들(VMF-232)은 95탱크의 네이팜탄을 월미도 전체에 투하했다. 항공사진을 분석한 결과 이 지역에 있는 44개 건물 중 39채가 파괴되었고 거주 지역은 완전히 파괴되고 섬의 북쪽은 건물 80%가 파괴되었다."[10]

두 인용문에서 월미도는 네이팜탄으로 모두 불태우겠다는 것과 그 결과를 보여주고 있다. 우리는 사진이나 영화에서 네이팜탄의 위력을 익히 알고 있다. 베트남 전쟁을 다룬 프란시스 포드 코폴라 감독의 「지옥의 묵시록」(1979)에서 미 1기병사단 킬고어(로버트 듀발) 중령이 밀림 지역에 네이팜탄을 투하라고 지시한다. 이어서 폭격기가 날아와 남아 있는 모든 네이팜탄을 쏟아붓고 떠

▲ 사진 37 | 96기동대 라치드 루블 제독은 월미도에 민간인이 거주하고 있음에
도 무차별 폭격을 명령했다(RG 111, Box 742, SC-343645).

나자 화염과 연기가 피어오른다. 그 직후 킬고어는 "나는 아침에
맡는 네이팜 냄새가 좋아"라고 죄의식을 찾아볼 수 없는 전쟁광
처럼 행동했다. 1972년 6월 8일 AP기자 닉 웃이 네이팜탄에 화
상을 입은 소녀를 촬영해 1973년 퓰리처상을 받기도 했다. 이처
럼 네이팜탄의 이미지는 전쟁의 공포와 폭력성을 그대로 담고 있
다. 그럼 네이팜탄은 어떤 폭탄일까. 네이팜(Napalm)은 나프타 산

(Naphthenic acid), 유화제로 나프텐 산(palmitic acid), 점도재로 야자유에서 추출한 팔미트산의 알루미늄염(palmitic acid Aluminum Salts)의 약자이며 혼합물인 화염폭탄이다.[11] 이 화염폭탄은 공기와 접촉해 짙은 연기구름을 내뿜는다. 1942년 7월 4일 루이 피세르(Louis Fieser)가 미 국방연구위원회의 지시에 따라 하버드대에서 실험했고, 1943년 12월 15일 파푸아뉴기니 전투에서 처음으로 화염방사기와 함께 실전 배치되었으며 1944년 2월 15일 태평양과 유럽에서, 1945년 3월 9일 도쿄에서 가공할 만한 위력을 보였다. 도쿄 폭격에서 약 84,000명의 민간인이 사망하고 90,000명이 부상을 입었다.[12] 한국전쟁기 미군 조종사들은 '635,000톤의 폭탄과 32,557톤의 네이팜탄'을 민간인 거주지 등에 무차별 투하했다. 결국 네이팜탄은 핵폭탄 다음으로 '만들지 말아야 할 폭탄'이었다.

조종사들은 폭격지점에 민간인이 있든지 군인이 있든지 상관하지 않고 네이팜탄이 '최고의 무기'라는 인식만 가지고 있었다. 폭격기 조종사는 가공할 만한 무기에 심취한 것은 아닐까.

> "네이팜탄은 적을 엄폐물로부터 뛰쳐나오도록 만드는 가장 최고의 무기라고 생각한다. 나는 어떤 생명체도 존재하지 않는 것처럼 보이는 마을을 선회하다가 2발의 네이팜탄을 그곳에 투하했다."[13]

위의 인용문에서 조종사들은 네이팜탄을 투하하는 것은 마을
이든 민간인이든 상관없이 그 장소에서 뛰어나오거나 도망가게
하는데 유용하다는 것을 인식하고 있었다. 월미도에 투입된 미 해
병대 전투공격기 조종사들은 앞의 인용문에서 인터뷰한 조종사
들과 어떤 다른 인식이 있을까. 〈사진 38〉에 나오는 월미도 폭격

▼ 사진 38 | 종군화가 허버트 한(Herbert C. Hahn)이 '인천'이라는 제목으로 1950년 9월 10일~15
일 미 해군이 월미도와 인천 시내를 폭격하는 장면을 그린 사진이다(Remembering the
Forgotten War: Korea, 1950-1953, 사진등록번호 88-191-BB, 1951).

장면이나 다른 여러 사진에서도 네이팜탄 폭격 이후 민간인들의 모습은 존재하지 않는다. 종이에 그려진 허버트 그림은 월미도와 인천항 일대가 화염에 싸이고 연기가 피어오는 장면을 담고 있다. 허버트는 폭격기가 월미도를 지나 인천 시내로 날아가는 장면과 불타는 월미도와 인천을 보면서 어떤 생각이 났을까.

1950년 9월 10일 세 차례나 월미도에 집중 폭격이 이뤄진 과정을 살펴보면 앞의 조종사들의 인터뷰가 사실이라는 점을 알 수 있을 것이다. 10일 오전 6시 해병대 214전투공격기대대 8대와 323대대(일명 붉은 악마) 6대를 포함해 14대는 항공모함 시실리에서 이륙했다. 6시 55분부터 7시 5분까지 1차 공격에서 214대대 8대는 월미도 동쪽지역에 각각 2발의 네이팜탄을 투하하고 동시에 로켓포와 기총 소사를 난사했다. 소령 플록은 기관총 조정간을 잡고 건물에 기총 소사까지 마무리했다. 323대대 6대는 월미도의 동쪽지역에 네이팜탄 2기씩 폭격했는데 12개 네이팜탄 중 1기만 연쇄 폭발하고 나머지는 바로 폭발했다. 폭격이 일어나기 전 월미도에 약 90여 호 400여 명 이상이 거주하고 있었던 어촌 마을은 처참한 광경을 봐야 했다. 실제 약 120가구 600여 명의 주민이 피난도 떠나지 못하고 거주하고 있었다. 유경례(폭격 때 27세)는 "폭격 이전에 삐라 등의 경고가 없었기 때문에 폭격이 오리라곤 전혀 몰랐다."며 "폭격이 갑작스러워 잠자다가 속옷 바람으로 대피했다."[15]고 아찔한 순간을 기억하고 있었다. 플록 소령이 기총 소사

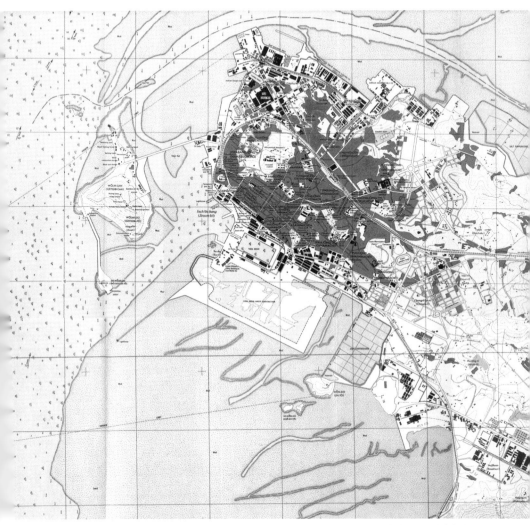

▲ 사진 39 | 1945년 미 육군지도국에서 제작한 인천시가지도. 월미도와 인천 시내 주요한 기지와 거주지들을 볼 수 있다. 적색으로 표시된 부분이 민간인 주거지와 군사기지들이다(A.M.S, L951).

했다는 기록처럼 유경례는 "대피한 사람들은 기총 소사를 피하기 위해 서로 진흙을 발라주었다. 저녁 때 마을로 돌아와 타버린 집터를 치우고 옷을 입은 채로 잤다."했다. 같은 마을 전천봉(폭격 당일 17세)은 "9월 13일 6시경 네이팜탄 한 발씩을 단 비행기 4대가 북쪽에서 남쪽으로 날면서 마을에 폭탄을 투하하고 다시 와서 기총 소사를 했다. 폭탄이 떨어지자 불이 확 붙어 온 동네가 불바다가 되었다"고 생생하게 기억하고 있었다. 이범기(폭격 당일 19세)는 같은 마을 추성만의 사망을 직접 목격한 사실을 말했는데 "월미도 다리에서 대피하다가 머리에 파편을 맞았는데 머리에 피가 흐르자 지혈시키려고 갯바닥에 엎드려 진흙을 발랐지만 출혈이 심해 밤에 사망했다"며 회상했다.[16]

2007년 정부에서 조직한 진실화해를 위한 과거사정리위원회에 신고한 월미도 피해 주민들의 증언과 미 공군조종사들의 항공공격보고서가 대부분 일치하고 있다. 보고서에서 피해자들이 1차 폭격의 충격과 '경황'이 없어 2, 3차 폭격에 대한 기억이 상세하지 않았다.

2차 공격은 7시 45분부터 8시 25분까지 214대대 6대가 월미도 동쪽 지역을 불태우고 로켓 공격을 펼쳤다. 323대대 9대는 월미도 동쪽지역에 집중 폭격을 계속 이어갔고 해안선과 방파제 일대에 기총 소사를 명령받아 목표지점의 80%를 파괴했다고 보고했다. 3차 공격은 11시 35분부터 12시 30분까지 214대대가 네이팜탄을 투하하자 반 정도 타올랐고, 창고 2곳과 수많은 작은 건물들을 태워버렸다고 한다. 323대대는 월미도 동쪽 지역에 집중 폭격 임무를 계속해 네이팜탄 투하와 기총 소사에 나서 목표지역 90%를 파괴했다고 그 결과를 보고했다.[17]

  항공공격보고서에는 2차 공격 이후 해안선과 방파제를 따라서 기총 소사를 하였다는 기록이 있다. 3차 폭격은 2차 폭격이 실행된 뒤 약 2시간 후인 11시 15분부터 12시 30분경까지 이뤄졌는데 1, 2차 폭격과 같은 기종 전폭기 14대가 동원되었고 탑재 무기도 동일했다. 특히 3차 폭격에서 214대대 8대 전폭기는 창고, 수풀지역 외에 수많은 작은 건물을 폭격했다고 기록되어 있는데, 이 폭격에서 이전의 1, 2차 폭격에서 전소되지 않고 남아 있었던 마을 주민들의 거주지를 목표물로 삼았음을 짐작할 수 있다. 323대대는 월미도 북쪽지역을 주 대상으로 삼고 폭격했으며 네이팜탄과 기총 소사로 이곳의 90%를 파괴했다고 기록하고 있다. 이 과정에서 진실화해위원회는 월미도 주민 100여 명이 사망한 것으로 추정하고 있다. 여전히 사건은 현재 진행형이다. 9월 10일의 기억은 줄어든 생존자와 그 후손들이 귀향을 바라는 마음에서 이어지고 있다. 다시 집으로 돌아갈 수 없는 것일까?!

밀란 쿤데라(Milan Kundera)가 "권력에 대항하는 사람의 투쟁은 잊어버리는 것에 대한 기억의 투쟁"이라고 국가폭력에 저항해야 하는 이유를 내세웠다. 처참한 폭격이 끝난 뒤 주민들은 1952년 2월 12일 월미도원주민귀향대책위원회를 구성하며 본래 땅으로 돌아가고자 투쟁에 나섰다. 그러나 미 해병대는 1953년 6월 1일 과거 미군정기 사용한 인천기지 A구역 육군기지 월미도 건물(1954. 3. 17 부동산 조사에서 미군 보트 정비소 사용, 전체 48평)[18]을 해병 1사단 21중계수송항의 1수륙양용트랙터대대에 모든 부동산과 건물까지 넘기고 말았다.[19] 그 뒤 1971년 11월 20일 월미도 미군기지는 해군인천경비부에서 인수관리를 하다가 2001년 8월 30일 인천시로 이관되었으나 800억 원의 세금을 들여 국방부로부터 부지를 매입해 월미공원을 조성하고자 했다. 귀향대책위원회는 1963년 2월 15일 원주민 진정서를 제출하였고 2000년부터 청와대와 국방부, 인천시와 중구청에 여러 차례 탄원서를 제출하고 2004년 10월 월미공원 입구에서 귀향 촉구 농성을 이어가고 있다. 대책위원회는 2006년 9월 15일 첫 월미도미군폭격희생자 위령제를 시작하여 지금까지 이어지고 있다.

인천시나 국방부 등은 월미도 폭격사건을 기념하고 기억하는 방식이 '전승'과 '보은'이라는 전쟁 축제에 대규모 행사나 공원화를 여전히 버리지 못하고 있다. 귀향대책위원회는 미군 폭격사건

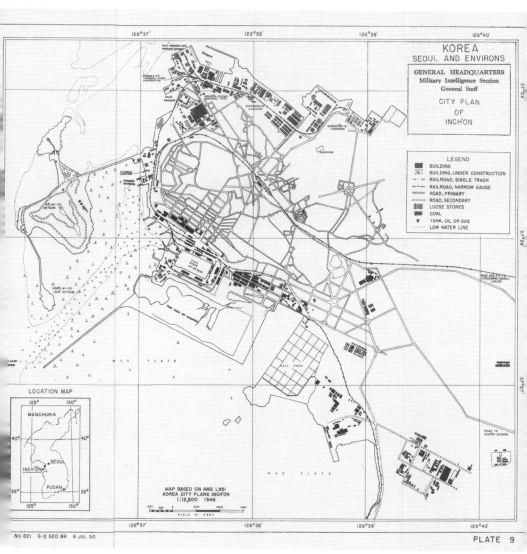

▲ 사진 40 | 1950년 7월 6일 작성한 인천지역 시가지도이며 폭격작전에 활용되었다(MAP NO 621, G-2 GEO BR, RG 554, A1 48, Box 5).

과 귀향이라는 숙제뿐만 아니라 계속되는 전쟁 축제에 이중의 트라우마를 겪고 있는 셈이다. 전쟁이 발발할 때 국가는 국민들을 보호하고 피난과 생존을 책임져야 할 의무가 있음에도 9월 10일 폭격 전 주민대피 권고에 소홀했음을 인정해야 한다.

한국전쟁 기간 동안 정부가 민간소유의 토지 및 건물을 징발할 수 있게 한 법적 근거는 1950년 7월 26일 대통령 긴급명령 제6호「징발에 관한 특별조치령」에서 기인한다. 제1조에서 "비상사태에 있어서 군 작전상 필요한 군수물자·시설 또는 인적자원(이하 징발목적물 또는 피징용자라 칭한다)을 징발 또는 징용"한다고 정의하고 있다.[20] 민간 토지는 「징발에 관한 특별조치령」 제2조와 「징발에 관한 특별조치령 시행령」 제5조에 따라 "징발관이 발행하는 징발영장으로써" 징발되었다.[21] 이 법적 근거에 따라 징발 영장은 징발 소유자의 주소를 둔 관할 시·도·읍·면장 및 경찰서장 등에 교부했다. 제7조에서 '징발 목적물'은 건물 및 토지를 비롯한 인적자원 등이다. 제14조에서는 "징발 목적물 피징용자에 대하여는 따로 대통령이 정하는 바에 의하여 원상회복 또는 보상을 한다."고 명확하게 규정하고 있다.

1950년 8월 21일에는 징발에 따른 '징발 보상령'을 시행했다. 제2조에서 "징발한 물자 또는 시설은 원상으로 회복하되 멸실(滅失)되었거나 소모 또는 훼손이 심하여 곤란한 경우에는 그 대가를 지불한다. 단 소모 또는 훼손의 정도가 경미할 때에는 원상회복이 그 소모 또는 훼손한 부분의 대가를 지불할 수 있다"라고 명시했다.[22] 이처럼 정부는 징발의 목적과 보상까지 제도적 장치를 마련한 상태였다.

월미도 미군기지는 1949년 3월 한국정부에 환원했다가 1950년 9월 15일 이후 '비상사태'라는 이유로 징발했다가 1971년 11월 다시 한국정부에 돌려줬다. 그러나 정부는 원주민들에게 토지 및 귀향 자체를 허용하지 않았다.[23] 이처럼 국가는 전쟁 때 주민들에게 피난대피조차 하지 않은 점과 징발 토지의 반환 또는 보상조차 없었다는 점에서 두 차례나 직무유기한 셈이다. 만들어진 신화에 기대 전쟁 축제를 통한 기념과 기억이 주민들에게 더 깊은 전쟁의 트라우마를 심어줬다는 것도 세 번째의 직무유기가 아닐까.

▲ 사진 41 | 1950년 9월 15일 폭격 직후 인천 시내에서 한 시민이 고철을 새끼줄에 묶어 나르고 있다
(UN Photo #187820).

　　　　한 여성은 커다란 고철덩이를 새끼줄로 동여매 짊어
졌다. 주름진 이마에서 여전히 고통은 사라지지 않았음을 읽을 수
있다. 여성 뒤편으로 펼쳐진 배경은 산산이 부서진 건물의 폐허와
온전하게 남은 건물이 대조를 이루고 있다. 사진은 전체 구도에서
여성을 중심으로 두고 폭격이 남긴 상처가 넓고 처참했음을 보여
준다. 인천뿐만 아니라 남북한 중요한 도시에서 미군 폭격을 비켜
갈 수 없었다. 인천은 상륙작전과 함께 시내 곳곳에 네이팜탄과
폭탄으로 불타고 무너지고 쓰러져 그 자체가 폐허의 공간이었다.
한국전쟁기 무차별 폭격과 '융단폭격'이 남긴 흔적은 사람도, 동
물도, 건물마저 폐허로 만들기에 충분했으며 공포와 죽음의 경계
를 오간 증거였다. 전쟁 초기와 1.4후퇴 이후 인천에서 몇 번의 폭
격이 실시되었을까. 인천 시내 폭격은 월미도 폭격 사건과 비교할
수 없을 정도로 큰 피해를 남겼지만 널리 알려지지 않았다. 극동
공군 5공군사령부 보고서에서 인천지역의 폭격이 어떻게 이뤄졌
고 얼마나 큰 피해를 보았는지 되짚어보자.

인천에서 첫 폭격은 1950년 6월 28일 오전 7시 5분 3폭격전단 클로비스 뉴멕시코전단 A-25 편대가 개성부터 인천까지 비행하면서 무차별적으로 시작되었다. 7월 4일 북한군에 점령된 인천은 7월과 8월 4차례에 걸쳐 공중폭격이 있었다. 이어서 9월과 12월, 1951년 1월에 미군은 인천에서 공중폭격 작전을 전개하였다. 전체 아홉 차례 이어진 폭격 중에서 9월에 최다 출격과 엄청난 폭탄과 네이팜탄을 사용한 것으로 알려져 있다. 인천 시내 폭격으로 인한 인명 및 물적 피해가 9월에 집중되었음을 부인하기 어렵다. 특히 무차별 폭격과 기총 소사가 급증한 시기도 9월이라는 점에서 미 공군의 공중폭격 작전은 여전히 군사학이나 역사학에서도 논란이 되고 있다. 인천에 폭격한 날짜, 폭격기 종류, 횟수, 피해 등이 이떠한지 미 공군 자료를 토대로 재구성해 보았다.

첫 폭격 이후 7월 22일 미 5공군 쌍발폭격기(B-26) 5대는 인천 남동쪽에서 교량을 폭격했지만 정확한 결과는 관찰되지 않아 피해 정도를 알 수 없었다.[24] 7월 27일 한국군의 F-51 머스탱 전투기는 인천에서 불특정 다수 또는 철도 차량과 가스저장소 등을 불태웠다.

8월 5일 오전 7시 30분 214대대 F4U-4B편대 7대는 인천항에 폭격 및 기총 소사했는데 20~40명을 사살했다고 보고했다. 이날 비행기는 영국해군 작전을 지원하기도 했으며 인천 시내에서 발

▲ 사진 42 | 다시 집으로 돌아가고 있는 인천시민들(RG 111, Box 753, SC-348509).

전소, 공장 건물, 철도 및 도로, 자동차까지 폭격했다. 그 이후 공장 건물에서 화재가 시작되었다. 같은 날 16시 15분부터 20시까지 같은 비행기 1대는 인천 서쪽에서 8,000톤 가량 로켓 공격하고 다시 2대는 네이팜탄 20탱크를 석유저장고에 투하해 화재가 발생했다.[25] 8월 6일 인천 일대에 B-26 20대가 서울-인천에서 야간에 침투해 저공비행으로 폭격했다.[26] 8월 16일부터 17일 양일간 B-26 23대와 미 해병대 함상 전투기(보우트 F4U 콜세어, 프로펠러

사진 43 | 1950년 9월 15일 불타고 있는 건물을 지나는 인천시민들(RG 111, Box 753, SC-348505).(좌)

사진 44 | 인천상륙작전 당일 인천시내 폭격이 얼마나 심각했는지 알 수 있다. 미군은 민간인들에게 사전에 폭격 경고조차 하지 않았다(RG 111, Box 753, SC-348506).(우)

형, 주로 저공비행 폭격) 2대는 서울, 인천 등지에서 시내에 맹폭을 가했다.[27]

인천에서 상륙작전이 개시되자 인천시내 폭격은 9월 7일부터 21일까지 이어졌다. 9월 7일 5공군 경폭격기는 인천, 평택 등지에서 야간을 이용해 차량과 철로 등을 폭격했다. 오전 6시 50분 323대대 6대는 철교 2곳을 공격했으며 오전 10시에 대위 존 켈리(John kelley)는 인천시 남서쪽에서 목재로 된 구조물(가옥)에 직격탄을 날렸다.[28] 다음 날 8일에 96기동부대는 인천과 강화도 일대에서 해안 경비정 작전 중 인천 남서쪽 서해안의 섬들 사이에서 주요 장비들을 파괴하고 17명의 북한군 포로들을 포획했다.

9월 10일 경폭격기 18대는 인천과 수원 지역의 철로를 폭격했는데 오전 11시 15분부터 12시 15분까지 인천 서남쪽 2곳의 다리를 파괴했다. 9월 13일 오전 7시 11분부터 323대대는 총 12.2시간 동안 작전을 전개했다. 14일 오전 5시 55분부터 월미도와 인천시에 59.8시간 동안 폭격 작전을 전개했다. 9월 14일 밤 8시부터 15일 오전 9시 77과 88기동부대 보고서에서 인천지역에 폭탄, 네이팜탄, 기총 소사는 78회에 걸쳐 이뤄졌는데 약 200대 차량을 파괴했다.[29] 9월 15일 폭격은 강화도에서 동력선 3척, 여객선 1척을 파괴했으며 인천 시내 폭격이 이어졌다. 월미도 폭격 직후 9월 14일 월미도와 인천 지역에 100개의 1000-1B 범용폭탄을 투하하고 115개의 로켓을 공격했는데 차량과 기관차뿐만 아니라 군사시설을 포함해 비행기 출격 횟수만 189차례였다. 9월 15일 오후 5시 5분 로켓함 3척은 순양함과 구축함들의 포격에 이어 1분당 100여 발의 로켓을 발사해 20분 동안 6,000여 발을 인천으로 발사했다. 9월 21일 90기동전단의 항공지원단은 인천지역의 목표에 대한 공습과 22일 인천에서 전차 3대, 트럭 9대 등을 파괴했으며 또 다른 작전 보고서에서는 탱크 4대, 장갑차 1대, 트럭 6대, 철도 창고 1곳, 교량 1곳, 기관차 1대, 공장 2곳 등을 파괴했다.

이미 70년이 지났지만 9월 10일부터 21일까지 이어진 인천 지역 폭격사건은 '전쟁 축제'인 인천상륙작전에 묻혀 제대로 알려지지 않았다. 정부는 미국의 원조와 구호 지원을 받고자 세밀한 인명 및 물적 조사보다 광역단위의 포괄적인 통계수치만 내놓았다. 근거리에 잠시 피난한 시민들은 9월 16일에 돌아왔지만 집이든 도로든 어느 것 하나 온전하게 남아 있는 게 없었다.

인천역과 시가지 파괴

로널드 핸크(Ronald Hanc) 일병은 1950년 9월 16일 인천항에서 내려 시내에 들어서 함포사격과 공중폭격으로 무너지고 불탄 모습을 촬영했는데 인천역과 그 주변이 담겨 있다. 사진 왼쪽 끝을 보면 열차와 나무 표지판에 '인천'이라고 적혀 있고 철길을 따라

▼ 사진 45 | 1950년 9월 16일 인천역과 주변 건물. 함포사격과 폭격 직후 연기가 피어오르고 있다
(RG 111, Box 735, SC-348507).

▲ 사진 46 | 미 해병대와 한국군에 포획된 인천시민들. 미 해병대는 인천에 거주하는 모든 민간인들을 '적 국민'으로 규정해 포로처럼 취급했다(RG 111, Box 753, SC-348508).(상)
사진 47 | 손수레를 타고 이동하는 피난민 가족들(RG 111, Box 753, SC-348510).(하)

연기 나는 중앙 쪽으로 이동해 보면 플랫폼과 여전히 불타고 있는 역과 주변 건물들을 확인할 수 있다. 역 플랫폼 주변에 길게 깔려 있는 철길은 폭격을 맞았는지 흙에 파묻힌 채 있고 오른쪽 끝에 역 건물이 있었는지 완전히 파괴된 잔해만 보인다. 그 옆으로 사람들이 시내로 들어가고 있다.

〈사진 48〉을 보면 시민들이 폭격을 맞아 화재가 발생한 건물에 세숫대야로 물을 뿌리고 있다. 이미 불타버린 건물에 주민들이 다급한 마음으로 물을 뿌려도 소용없다. 폭격이 끝난 뒤 하나둘씩 다시 시내에 돌아온 시민들은 처참하게 파괴된 건물을 보면서 어떤 생각에 잠겼을까. 핸크가 인천 시내 일대에서 촬영한 사진들은 부서진 건물과 불타오르는 장면 그리고 피신한 사람들의 귀향을 보여주고 있다. 앞에서 9월 13~15일까지 대규모 함포사격과 폭격은 상상할 수 없을 만큼 위력적이었다.

〈사진 49〉에 아이를 업은 어머니와 아들이 이미 타버린 자기 집을 멍하니 바라보고 있다. 건물 안팎은 가구니 주요 생필품마저 잿더미로 바뀌어버렸고 나무 기둥은 검게 타서 숯처럼 마당에 널브러져 있고 여기저기 파괴된 건물 잔해인 벽돌만이 가득하다. 둥근 세숫대야는 불에 타서 검게 그을린 채 아무렇게 놓여 있다. 어머니 등에 업힌 아이만이 "네가 그렇게 만든 거지?!"라는 표정으로 사진병 핸크를 뚫어지게 쳐다보고 있다. 〈사진 45〉에서 인천역이 화염에 휩싸여 시커먼 연기를 뿜어내면서 타고 있다. 그 아

▲ 사진 48 | 다시 집으로 돌아온 시민들은 자신의 집에 물을 뿌리고 있다(RG 111, Box 753, SC-348511).

▲ 사진 49 | 아이를 업은 어머니와 아들이 이미 타버린 자기 집을 멍하니 바라보고 있다(RG 111, Box 753, SC-348513).

래 공터에 미 해병대원들이 앉아 휴식을 취하고 있다. 전혀 다른 풍경에서 인천의 폭격 사건은 우리에게 무엇을 말하고 있을까. 1951년 11월 28일 경기도는 사망자 19,940명, 부상 9,744명, 행방불명 32,432명 총 60,116명의 인명피해를 입었고 주택, 관공서 건물, 일반가재재산 피해액 등을 수백억 원이라고 발표했다.[30] 하지만 9월 10~15일 사이 인천에서 사망자, 부상자, 행방불명이 구체적으로 몇 명인지 알 수가 없다. 경기도는 10월 26일 인천 지역의 건물이나 전재민 피해 통계를 발표했지만 인명피해만 빠져 있었다.

전쟁 이후 70년을 지나오면서 폭격은 전 세계에서 끊임없이 일어나고 있다. 한국전쟁에서 베트남전쟁까지 네이팜탄은 전술이나 심리적인 면에서 강력한 무기였다. 민간인 거주지역의 폭격은 이란, 이라크, 팔레스타인 등 중동지역에 급격하게 발생한 사실을 우리가 너무 잘 알고 있다. 점차 전쟁은 지상군 투입보다 정밀 타격을 노리는 미사일이나 폭격기가 여전히 우위를 점하는 상황이다. 20세기의 극단적 파괴행위인 공중폭격은 21세기에도 사라지지 않고 있으며 여전히 제2의 인천과 같은 도시가 생겨나고 있다. 앞으로 국제법은 네이팜탄의 완전한 사용 금지와 민간거주지의 폭격 금지를 담아내야 하지 않을까.

'가장 효과적'이고 '적군들을 도망치게' 만들었던
무시무시한 네이팜탄이 없어지는 세상이 왔을 때
인천에서 벌어졌던 그 참혹했던 광경도 사라지지 않을까.

2부

수용에 갇힌 포로와 미군기지

3장

포로들이 갇히다

▲ 사진 50 | 1950년 9월 15일 월미도 해안에서 포획한 북한군 포로들을 지키고 있는 미군(ICRC, V-P-KPKR-N-00040-23A).

1. 벌거벗은 자, 죽은 자, 살아남은 자

사람은 처음 태어날 때 '벌거벗은 인간의 본성'을 본다. 갓 태어난 아이에게 옷은 문명과 만남보다 '은총'에 가까운 보호막이었다. 나의 의지와 행동에 상관없이 보호막이 사라질 때 인간의 본성을 다시 볼 수 있을까. 중세시대 은총과 보호막이 종교라고 한다면 한국전쟁기 월미도에서 포획된 포로들은 어떤 보호막이 존재했을까.

〈사진 50〉에서 1950년 9월 15일 인천상륙작전에 참가한 오하이오 출신 로버트 댄젤(Robert J. Dangel) 상병은 동료 월리스 포스노트(Wallace Fosnaught, 영상 촬영병)와 함께 월미도에 처음 들어온 극동사령부 71통신대대 사진팀 소속 촬영병사이다. 북한군 포로들은 인천 월미도 해안에 조성된 옛 해수욕장 한 곳에 옹기종기 모여 있다. 사진 중앙에 포로가 감시하는 미군 병사 앞에 벌거벗겨진 약 40여 명 포로들이 등을 보인 채 앉아 있다. 어떤 포로들은 드문드문 옷을 입고 있다. 낯익은 장면을 담은 사진은 한국전쟁기에만 촬영된 게 아니다. 1945년 6월 오키나와 포로수용소에서 미

▲ 사진 51 | 1945년 6월 오키나와 포로수용소에서 포로들이 상하의를 탈의한 채 서 있다(RG 127,
　　GW-669-125722).(좌)
　사진 52 | 1950년 9월 15일 월미도에서 미 해병 5연대 3대대가 북한군 포로들을 포획하는 장면인
　　데 포로들이 모두 탈의한 상태에서 두 손을 들고 있다(RG 111, ADC-8326).(우)

해병대가 일본군 포로들을 촬영한 사진을 보면 〈사진 51〉과 비슷
하다. 〈사진 51〉에 포로수용소 철조망에 선 일본군포로들은 속옷
만 입은 채 서 있다. 해병대는 적군 포로들의 상하의를 전부 탈의
하는 방식에서 동일하다. 인천에서 포획된 북한군 포로들의 이미
지에서 그들의 삶은 어떤 종류일까. 9월 15일 밤 8시 월미도에서
136명의 포로는 인천기지 임시포로수용소(Transit Stockade)에 이
송되기 전 어떤 모습일까. 미 해병대와 육군통신대에 담긴 북한군
포로들의 이미지에서 포로가 어떤 존재인지 세 장면을 통해 분석
하고자 한다.

전쟁포로 : 벌거벗겨진 자

〈사진 52〉에 등장하는 포로들은 모두 탈의하고 양팔을 높이 든 채 서 있다. 9월 15일 오전에 월미도에 상륙한 미 해병 5연대 3대대 소속 미군은 총을 든 채 4명의 포로를 응시하고 있다. 영상은 월미도에 네이팜탄이 투하되어 검은 연기가 피어오르고 이어서 탱크가 섬 안으로 들어서자 여기저기서 두 팔을 들고나오는 북한군 포로들과 한국군이 웃으면서 한 북한군 포로를 탈의시키는 폭력적 장면뿐만 아니라 위에 캡처한 장면을 포함해 총 7분 2초 분량이다. 미국 국립문서기록관리청에 소장된 영상 중에서 1950년 9월 10일부터 15일까지 월미도와 인천의 폭격과 포로 포획이나 전투 장면을 담은 영상만 20개 롤이 넘는다. 이 영상은 앞에서 소개한 촬영병사 포스노트가 촬영한 것이다. 보통 사진통신부대는 2인 1조로 운영되는데 사진과 영상 촬영병사가 동행한다. 〈사진 53〉에 두 상병은 인천상륙작전부터 서울 탈환작전까지 계속 같은 조였다.

두 사람은 해병대나 한국군의 포로 포획 장면을 놓치지 않고 포착했는데 전체적으로 보면 매우 사실적이다. 미군의 시각에서 보면 '승리' 또는 '용맹한' 장면으로 해석될 수 있겠지만 또 다른 각도에선 폭력을 고발하는 게 아닐까. 미군 통신부대 사진병사들은 현장 매뉴얼에 따라 사진을 촬영하며 정해진 규칙과 명령을 따라야 한다. 하지만 일부 사진병사가 촬영한 사진이 기밀(1급 또는 2급)로

▲ 사진 53 | 1950년 9월 15일 월미도에 상륙하기 직전 함선에서 촬영한 장면인데 댄젤(왼쪽)은 한 손에 사진기, 포스너트(오른쪽)는 전투용 35mm 아이모(Eymo, 시리즈 71-0)영상 촬영 카메라를 들고 웃는 표정을 짓고 있다(RG 111, Box 735, SC-348416).

묶여 비공개되는 경우도 있다. 사진병은 촬영 날짜, 장소, 부대명 등을 기재하고 간단한 설명을 달아서 상부에 제출한다. 상급부대 책임자는 당일 인화한 사진들을 사령부(극동사령부 또는 미8군사령부)에 전달하여 다시 분류 작업과 검열을 한다. 사진 중에서 부대 위치 정보나 중요 사건 등을 삭제하거나 사진 자체를 기밀 처분한다. 앞에서 본 사진과 영상은 삭제되지 않고 공개되었다. 이는 해병대의 전공 또는 '노획물'이라는 것을 의미한다고 하겠다.

포로 포획 장면은 두 팔을 머리 위로 올린 채 서 있거나 걸어가는 게 일반적인 풍경이다. 그러나 아시아–태평양전쟁이나 한국전쟁기 미군의 포로 포획 과정에서 상하의 탈의 장면은 '동양인'이라는 인종적인 시각이 담겨 있는 것은 아닐까.

전쟁포로 : 죽은 자

사진을 보면 월미도에서 쓰러져 있는 세 명의 포로가 있다. 제일 뒤편에 누워 있는 포로는 이미 숨진 상태인 듯하다. 두 명의 포로는 촬영하는 미군의 카메라를 응시하고 있다. 앞에 상의만 탈의한 포로는 고통스러운 표정이 역력하다. 이 사진을 확대해 보면 심각하게 부상당해 일어나지도 못한 채 왼팔이 거의 끊어져 있다. 세 명 중 가운데 누워 있는 포로는 눈동자의 초점이 흐려지고 있다. 두 명은 죽어가면서 공포에 질려 있다. 촬영한 미 해병 1사단 상등병 프랭크 스웰(Frank W. Sewell)은 죽어가는 포로들의 눈을 보면서 셔터를 눌렀다. 두 명의 포로는 스웰 상등병을 응시하면서 어떤 생각을 했을까. 촬영자의 감정은 사진의 사각을 담아낸다. 죽어가는 포로들은 그 사각에서 말이 없다.

1950년 9월 15일 미 해병대는 월미도에 상륙했다. 한 해병대 병사는 "이오지마 상륙작전을 방불케 했다"고 말한다. 그의 과장된 말에는 또 다른 뜻을 숨기고 있다. 1945년 2~3월 이오지마 전

▲ 사진 54 | 1950년 9월 15일 월미도에서 죽어가는 포로들(RG 127, GK-76-A2745).

투에서 미군은 2만 명이 넘는 사상자를 낳았다. 물론 일본군은 216개 중대만이 포로로 잡혔고, 2만여 명이 전사했다. 이 섬의 상륙작전은 민간인 피해가 없었다. 그러나 월미도와 인천상륙작전에서는 북한인민군 사상자보다 민간인 희생자가 훨씬 컸다. 미군 폭격이 가져온 재앙이었다.

　1950년 9월 15일 월미도 일대는 미 해군 함선에서 집중 포격을 받았다. 인민군 소규모 병력이 월미도를 방어하고 있었지만 막강한 화력에 무너지고 말았다. 월미도에 거주하는 상당수의 민간인은 미군 폭격에 희생당하고 말았다. 이 섬에 상륙한 미 해병 1사단

5연대는 북한군과 특별한 교전 없이 들어왔다. 세 차례에 걸친 집중 폭격에서 북한군은 지하 참호에 숨어 있었다. 해병대는 탱크와 불도저 등을 이용해 지하참호 입구까지 허물었고 그 장면을 촬영했다. 미군이 아시아-태평양전쟁에서 일본군에 '무조건 항복'의 원칙을 내세웠던 것은 무관용과 모두가 '죽을 때까지' 전투를 이어가겠다는 의지가 있었던 것이며 그 결과는 도쿄 대공습과 핵폭탄투하였다. 한국전쟁에서 미군은 무차별 폭격과 무차별 전쟁을 보여줬다. 〈사진 54〉는 잔인한 전쟁을 보여주는 단적인 장면이 아닐까.

전쟁포로 : 살아남은 자의 슬픔

월미도나 인천 시내에서 여러 차례 폭격에도 생존한 북한군 포로들 중 부상 포로들은 총상과 네이팜탄 피해자가 많았다. 〈사진 55〉에서 상하의 탈의한 상태에서 가슴 부위, 허벅지, 왼쪽 다리에 각각 붕대를 감은 포로가 수용소로 이동하고 있다. 뒤따르는 미군 병사는 여전히 총을 들고 있다. 이미 비무장 부상포로에게 상하의 탈의가 필요할까 하는 의문이 생긴다.

〈사진 56〉에 나오는 북한군 포로는 네이팜탄 피해를 입고 어느 민가에 앉아 있다. 그의 얼굴과 손가락은 이미 시커멓게 그을린 상태인데 얼굴을 제대로 알아보기 힘들 정도이다. 인천임시포로

▲ 사진 55 | 1950년 9월 15일 미군이 부상당한 포로를 호송하고 있다(ICRC, V-P-KPKR-N-
　　00040-11A).(상)
　사진 56 | 1950년 9월 16일 월미도에서 네이팜탄 화상을 입은 북한군 포로(RG 306, CE,
　　Box 38).(하)

수용소에 네이팜탄 피해 환자가 몇 명인지 알 수 없지만 1950년 9월 30일 국제적십자사에서 파견한 포트레이트 드 비에리의 보고서에서 중상자 100명이라고 기록되어 있다. 하지만 9월 15일 19명의 포로가 인천임시수용소에 도착하자마자 사망했다. 모두 네이팜탄 피해자일 가능성이 높았다.[01]

이들은 살아남았지만 평생 지울 수 없는 상처와 트라우마에서 벗어날 수 있을까. 물론 꼭 북한군 포로만이 아닐 것이다. 북한에 수용된 국군이나 연합군 포로들도 다르지 않을 것이다.

세 유형의 북한군 포로들은 월미도와 인천에서 살아남거나 죽거나 큰 부상을 입었다. 여기서 집중 폭격과 무차별 폭격에서 살아남을 수 없다는 이미지가 그려진다.

이제 네이팜탄은 베트남전쟁 이후 여러 현대전에서 사라지고 있지만 완전히 규제하지 못하고 있다. 이런 살상 무기 네이팜탄이 한국전쟁 발발 이후 70년 동안 여러 나라에서 사용하거나 만들어졌다. '가장 효과적'이고 '적군들을 도망치게' 만들었던 무시무시한 네이팜탄이 없어지는 세상이 왔을 때 인천에서 벌어졌던 그 참혹했던 광경도 사라지지 않을까.

▲ 그림 57 | 1950년 9월 18일 월미도에서 북한인민군 포로가 부상을 당한 채 해병대에 포획되고 있다(RG 127, Box 11, GK-A2801).

▲ 사진 58 | 1950년 10월 1일 인천임시포로수용소에 수용된 북한군 포로들(ICRC, V-P-KPKR-N-00015-15).

2. 유엔군 2인천임시포로수용소와 포로들

　　월미도 작전 이후 인천 내 북한군 포로들은 소폭 증가하고 있었다. 사진에 등장하는 북한군 포로들의 표정은 대부분 굳은 표정 일색이다. 왼쪽 앞줄에 키가 작아 보이는 포로는 소년병으로 추정된다. 1950년 10월 초 2인천임시포로수용소는 포로들의 복장만 눈여겨봐도 한겨울처럼 두터운 복장이다. 뒤편 중앙에선 외국인이 국제적십자사에서 파견된 포트레이트 드 비에리이다. 그는 1950년 9월 말부터 인천, 부산 등지 포로수용소에서 포로들의 관리, 위생, 수용시설, 음식 배급 등을 조사해 본부에 보고했다. 사진에서 자세히 보이지 않지만 뒤편에 여성들의 뒷모습과 옆모습이 포착되었다. 왼쪽 끝에 단발머리의 여성이 주머니에 손을 넣고 있다. 오른쪽 끝에 눈을 감고 있는 포로 뒤편에서 단발머리 여성이 서 있다. 이 수용소에 남성 포로보다 적지만 여성 포로들이 수용되었는데 대부분 간호병이었다.

　　인천임시포로수용소는 부산 유엔군 1전쟁포로수용소와 평양 유엔군 2전쟁포로수용소 다음으로 규모가 큰 곳이며 북한 지역에서 남으로 이동하는 중간 기착지 같은 역할을 담당했다. 이 수용소가 언제 설립되었고 시기별로 몇 명의 포로들이 수용되었는지, 초기 포로들이 인천에서 어떤 삶을 살았는지 피에리의 보고서를 토대로 재구성해 보았다.[02]

형무소, 포로수용소가 되다

여러 차례 언급했지만 월미도에서 미군에 포획된 북한군 포로들은 1950년 9월 14~15일 사이 섬의 휴양지 해수욕장에 집결했고 15일 임시수용소로 지정된 인천소년형무소(1936. 7. 신설, 지금의 학익동)로 이동했다. 이 형무소는 45,000여 평의 부지에 2층 철근콘크리트조 건물이며 운동장과 편복도가 있고 남쪽으로만 감방이 배치되어 있었다. 1936년 형무소 신축계획에 따르면 독거감방과 잡거 방으로 나누어져 있는데 내부의 칸막이를 더 잘게 나누어 각 층에 26개씩의 독거 방을 설치했다. 북쪽에 더 작은 창호가 조밀하게 배열되어 있었다. 그 외에 형무소에는 공동 1동과 청사·계호실·취사장을 갖추고 창고·의무실·병감·피병감·교장·욕장이 있었다. 1층은 계호사무실, 간수 휴게소를 배치하고 2층은 교회당(敎誨堂)으로 이용하고 있었다. 따라서 미군은 인천소년형무소 자체만으로 포로 수용시설에 적합하다고 판단했다.

한국전쟁기 포로수용소는 현장에서 포획한 포로들을 일시 수용하는 집결소, 대형 수용소로 이동하기 전 격리 기능을 지닌 임시포로수용소, 5만 명 이상 수용 가능한 능력을 지닌 대형 수용소로 나눠진다. 인천임시수용소는 월미도와 인천시내 집결소나 개성 지역 아래에서 포획된 포로들을 수용하고 있었다.

9월 30일 피에리가 국제적십자사 본부에 보낸 인천기지 임시포로수용소 방문 보고서를 보면 9월 15일 수용소 개설과 동시에 월미도에서 포획된 북한군 포로들이 수용되었다. 2,500명을 수용할 수 있는 형무소에 북한군 포로 6,284명 중 부상자 617명, 장교 15명이고 나머지 사병 5,652명이었다. 민간인억류자의 수용현황을 보면 남자 600명과 여자 40명이 수용되어 있었다. 9월 말 기준에서 수용소는 형무소의 정원을 초과해 운동장 일부에 천막 수용소가 등장했다. 수용소 관리는 제임스 보닝(James W Boring) 대위이며 의무장교 군나르 보어런(Gunnar E. Bohrrnn) 대위, 경비는 미군에서 직접 담당하고 있었다. 수용 시설은 5개의 대형 감방(2층)과 작은 독거감방, 한 곳의 의무실이다. 〈사진 59〉에서 2층 대형건물에 창살과 창문으로 나눠진 수용소는 대형 잡거감방에 대규모로 포로들을 수용했다. 그 외 대형 취사실과 기존에 사용한 간수방 등이 그대로 있었다. 하지만 취사실은 폭격에 피해를 입어 일부 파괴되었다. 포로들은 각 감방의 복도에서 '자유롭게 이동' 할 수 있었다.

그러나 수용소는 수용인원의 초과에 따라 운동장과 공터까지

대형 천막을 쳐서 수용소를 확대하였다. 포로가 증가하자 마침내 폭격에 일부 파괴된 공장에 임시 수용되었다. 시설이 열악하다보니 겨울 내내 포로들은 추위에서 생존해야 했다.

포로의 증언에 의하면 천막에서 250명이 같이 생활하다 보니 서로의 어깨를 밟기도 했다고 한다. 인천임시수용소는 전기시설조차 없었고 난방시설도 부족한 상태였다. 포로들은 담요와 멍석을 깔고 생활했다. 중립국에 송환된 임관택(아르헨티나 거주)은 "인천수용소에서 제일 값비싼 물건이 멍석이었죠. 재산목록 1호!"라며 "처음에 감방에서 생활했지만 포로들이 증가하다 보니 공터 근처에 구덩이를 파서 그 안에서 생활하기도 했다"[04]고 열악한 수용시설을 증언했다.

수용소 시설에서 식수는 제한적으로 공급되고 있었는데 공병대가 완전한 물 공급을 위해 수리 중이며 샤워실이 있었으나 물

▲ 사진 60 | 1950년 10월 1일 인천소년형무소에 설치된 인천임시포로수용소 전경(ICRC, V-P-KPKR-N-00026-11).

문제를 해결하지 않아 사용할 수 없었다. 옛 형무소에서 사용한 증기보일러는 파괴되어 가동하기 어려운 상태였지만 대신 대형 보일러와 소형 보일러(원료 목재사용) 각각 2대씩 가용되고 있었다. 그 외 화장실은 개방된 수세식이었고 포로들이 자유롭게 이용하고 있었다.

포로들의 식사는 매일 쌀과 보리를 섞어 1홉 1/2 정도이며 생선과 콩 등의 보조 식량이 제공되고 있었다. 피에리는 형무소 창고에서 얼마간 포로들에게 공급할 수 있는 충분한 쌀과 보리가 저장되어 있음을 확인했다. 의복에서 포로들은 바지만 입고 수용소에 들어와 DDT 소독 뒤 신발·셔츠 그리고 필요한 경우 새로운 바지를 지급 받았으며 대부분 두터운 외투를 입고 있었다. 생활위생과 치료에서 포로들은 전반적으로 건강한 상태라고 알려져 있었으나 실제로 대다수 영양 불량상태이며 치료센터에 도착하자마자 위생 시설조차 열악해 제대로 치료를 받을 수 없었다. 9월 15일 19명의 포로는 월미도에서 이송되었지만 이동 중 전원 사망했다. 9월 30일 기준에서 수용소에 의사는 미군 3명과 한국 민간인 9명, 포로 출신 의무장교 5명을 포함해 17명이었다, 간호사는 미군 2명, 한국인 의료팀 100명, 의료 지원 잡부 한국인 2명, 포로 출신 100명이 담당하고 있었다. 포로 환자는 중상자 100명, 경상자 517명, 파상풍 3명, 말라리아 20명, 옴 50명으로 전체 690명에 이르렀다. 매일 진료 인원은 100~125명 정도인데 다행스러운 것

▲ 사진 61 | 1950년 9월 15일 이후 인천2임시포로수용소 4수용동 전경(ICRC, V-P-KPKR-N-00028-21A).

은 유행성 전염병이 없다는 것이었다. 그러나 병동의 열악한 시설을 보면 환자들은 들것이나 돗자리 위에 눕고 담요가 제공되는 정도였다.

수용된 감방들은 개설 첫날부터 계속 붐비고 있으며 창문과 감방 문조차 없는 상태이었다. 그래서 포로들은 추운 밤 동안 서로 몸을 붙인 채 체온을 유지하고 있었다. 수용소 사령부는 식량 보충과 혼잡한 감방의 문제를 해결하기 위해 추가적인 침대와 변소 시설을 확충할 계획이었고 가능한 15일 이내에 포로들을 부산 1구역포로수용소로 이송하려고 했다. 1951년 11월 1일 주한유엔

민간원조사령부 경기도팀 인천지원팀에서 인천소년형무소의 시설을 점검한 상태를 살펴보면 형무소는 '동양적인 형무소'이며 철근 콘크리트 구조인데 유리나 지붕, 감방문과 자물쇠를 제외한 외관이 양호하다고 판단했다. 인천지원팀은 "형무소의 유리 교체는 감방과 복도의 벽이 사실상 모두 창문이기 때문에 당장 해결할 수 없는 아주 큰 문제"이며 "새로운 문, 자물쇠, 유리 교체만 이뤄진다면 훌륭한 감금 장소로 쉽게 만들어질 것"이라고 평가했다.[05] 이 시기에도 인천소년형무소의 인천임시포로수용소 시설 문제가 여전히 해결되지 않고 운영되고 있었다.

국제적십자사 피에리 대표는 1950년 11월 8일과 12월 4일 두 차례 걸쳐 2인천임시포로수용소를 방문해 현황을 점검했다. 수용소 사령관 마이어스(J. W. Myers) 소령의 안내에 따라 살펴본 뒤 상세한 보고서가 스위스 본부에 전달되었다. 보고서에서 11월 8일에 북한군 포로는 모두 32,107명이며 그 중 중국인민지원군은 7명이었으며 12월 4일에는 26,704명에 중국인민지원군은 89명이었다. 이곳은 실제 수용인원이 2,500명에 지나지 않았는데 밀도가 매우 높아져 갔다. 이 현상은 중국의 참전에 따른 결과이며 평양과 함흥 등지에서 이송되었기 때문이다. 12월 9일 이후 평

양·원산·흥남 등지에서 대대적인 철수작전이 전개되자 인천을
비롯한 영등포·속초 등지의 임시수용소가 폐쇄되고 부산으로 이
동했다.

　인천임시수용소는 1수용동에 장교 및 여성 포로와 의무실을 배
치했으며, 2수용동은 형무소 구역 내 천막을 이용했고, 3수용동은
형무소에서 서쪽으로 약 3.2km 지점에 새롭게 신설했다. 각 수용
동에서 생활하는 포로들은 바닥에 멍석을 깔고 그 위에 담요를 펼
쳐 놓고 두툼한 이불을 온몸에 감고 있었다. 난로는 작은 방마다 설
치되었는데 주로 석탄이 사용되고 있었다.

시기	1수용동	2수용동	3수용동	4수용동
1950. 11. 8	10,060명	2,380명	19,667명	
1950. 12. 4	**총 7,508명** 장교 402명 여성 170명(장교 7명) 사병 6927 •중국군 9명	**총 4,089명** 장교 4명 사병 4,005명 •중국군 장교 3명 사병 77명	**총 14,506** 장교 31명 사병 14,475명	**총 601명** 장교 2명 사병 599명

〈표 2〉에서 보면 수용동과 인원에서 변화가 감지되고 있다. 11월 8일 3개 수용동에서 12월 4일에 4개로 1개 수용동이 늘어났다. 인원에서 11월보다 12월에 약간 감소추세지만 중국인민지원군이 7명에서 89명으로 늘어나고 있었다. 피에리는 12월 4일 인천수용소를 방문해 4수용동의 신설과 2수용동에 중국인민지원군 포로 구역이 신설되었음을 확인했다. 4수용동은 예전에 탄약을 보관하기 위해 사용되었던 두 개의 큰 콘크리트 지하 건물이고 철조망으로 둘러싸여 있으며 따뜻하면서도 건조한 편이었다.

약 2개월 전보다 위생 문제에서 약 34만 리터의 식수를 수용소에 공급하고자 관을 설치하는 공사를 완료하며 충분히 해결될 것으로 보고 있었다. 포로들은 매일 두 번씩 DDT 소독을 받고 있었는데 매주 감방과 개인 소독이 이뤄졌다. 하지만 포로들의 식량 문제가 크게 대두되고 있었다. 인원이 급격하게 늘어나 배급에 차질을 빚게 되었다. 피에리는 쌀과 보충식품(생선·채소)으로 대체되어야 한다고 지적했다. 1수용동의 창고에서 참치·대구· 정어리·청어·콩·우유, 쌀·옥수수·소금·양파·마늘·단무지·건 어 등 다양한 통조림이 저장되고 있었다. 한국정부에서 지급한 약 430원 가량의 쌀 5홉, 보리 0.5홉, 생선 한 마리 또는 통조림 1개를 10명에게 지급하고, 1인당 담배 10개비, 설탕이나 생선 등 기타 물품을 구매하기 위한 현금 230원이 별도 지원되고 있었다. 따라 서 하루 2끼의 각 수용동별 식단을 보면 1수용동은 쌀밥·건어물· 단무지, 2수용동은 쌀밥·스프·채소·생선, 3수용동은 저녁에 쌀밥 과 단무지가 제공되었다. 포로들은 90% 이상 수용소에서 옷과 신 발, 양말을 지급받았다.

수용소의 의무실은 9월 전보다 더욱 열악한 상태인데 포로들이 천연두에 전염된 상태에서 이송되어 왔고 해골과 다름없는 몸이 었다. 피에리는 방문할 때 이송된 20명의 포로를 살펴본 결과 뼈 가 드러나 심각한 영양실조 상태였다고 한다. 수용소 의무실에 의 사 36명(미군 3명, 한국인 19명, 북한군 의무장교 14명), 간호사 5명(한 국인 2명, 북한군 3명), 보조 인원 40명이 전부였다. 의무실에 포로 들이 매일 1,000명이 방문해 진료를 받았지만 중증환자들은 인천 4야전병원과 부산포로수용소로 이송되었다. 병동에 입원한 환자 가 426명(부상자 183명)이고 매트 위에 방치된 인원만 441명에 이 르렀다. 환자들의 주요한 병명을 보면 총상 80명, 골절 54명, 네이 팜탄 화상 9명, 파편으로 부상을 입은 40명을 포함해 총 183명이었다. 이질 25명, 설사 200명이 추가 입원해 있었다. 수용소에서 10월 12일 49명의 포로가 사망했는데 이질 10명, 파상풍 7명, 총상 부상 5명, 폐 6명, 도착 뒤 사망 4명, 위암 2명, 폐렴 1명, 패혈증 1명, 급성장염 1명, 이질 합병증 1명, 동맥류 3명 총 41명이었다. 10월 전체 102명이 각종 질병으로 사망했다. 병실 상황을 보면 본 건물 1층 환자들은 도착 즉시 응급, 장기 치료, 인천임시수용소 수용 등으로 나뉘는데 응급환자는 인천 4야전병원으로 후송하고 장기치료자는 부산 2병원수용소로, 나머지를 인천수용소 의무실에서 7~10일 정도 수용하고 위급한 응급 수술자만 가능했다. 2층 큰 공간에 약 100명의 환자가 들것에 눕혀져 있었다. 또 수용소 야외의 정자에 임시 의무실이 설치되어 환자들을 수용하고 있었다. 외래 환자실은 총 8개 감방에 4개 병실과 의사실, 북한군 의무장교실, 간호사실 3개가 마련되었고 이질 격리실, 치과진료실 등이 있었다. 이처럼 인천수용소 내 의무실과 병동이 늘어났지만 대부분 포로는 야외 천막에 수용되고 있었다. 임시수용소 기능이 감당하기 어려운 환경이며 빠르게 본 수용소로 이송해야 했다.

인천수용소의 포로조직

한국전쟁기 초기 포로들은 제네바협정에 따라 수용소에서 기존 계급과 조직을 그대로 유지할 수 있었다. 9월 30일 인천임시수용소는 포로와 민간인억류자 분류에 군복 착용여부만 보고 판단해 수용되었다. 하지만 대다수 포로는 미군이나 국군에 포획될 때 모두 탈의하거나 속옷만 입고 있는 경우가 많았다. 따라서 임시수용소에서 다시 지급받은 민간인 복장이 군인과 민간인을 구분하는 데 어려움이 많았다. 피에리는 미군들에게 "포로들이 포획되기 전 군복을 버렸다"라고 전해 듣고 보고서에 기술했다. 그러나 앞에서 언급한 바와 같이 미군들이 월미도나 인천 시내에 북한군 포로들을 포획할 때 상하의를 탈의시켰다. 임시수용소에서 포로등록카드를 작성할 때 포로 자신의 진술에 따라 얼마든지 왜곡될 수 있는 소지가 있었다. 결국 미군의 포로정책과 달리 현장의 군인들은 초기 포로정책을 제대로 인식하지 못했다는 것이다.

미군은 제네바협약과 미 육군 헌병대 포로처리 규범에 따라 포

▲ 사진 63 | 심문을 받고 있는 중국인민지원군과 북한인민군 포로(ICRC, V-P-KPKR-N-00033-02A : ICRC, V-P-KPKR-N-00033-10A).

로등록카드를 작성한 뒤 각종 의류나 식기 등을 지급하도록 되어 있었다. 인천임시수용소에서 포로등록카드를 작성할 때 여러 차례 수정이 이뤄졌다. 11월 말 수용소는 포로의 조직을 재구성하고 매일 1회 점호를 실시했다. 조직은 군대 조직에 따라 연대, 대대, 중대 순으로 나누고 각 수용동에 250명 단위의 4개 중대를 1개 대대, 3개 대대를 1개 연대로 편성했다. 1수용동은 7개 대대, 2수용동 1개 대대, 3수용동 20개 대대로 각각 재배치했다. 각 대대 내에 배식과 감독을 맡은 수용동 사령관 1명과 부관, 연락병이 각각 임명되었다. 수용동 사령관은 포로들의 감시와 배식 통제, 위생 설비 감독, 일반 위생과 청결, 보건관리(병자포로 보고) 등을 담당하는 40명의 규율대를 지정하고 별도의 완장을 착용하게 했다. 수용동 규율대는 배식 때마다 중대별로 나눠 실시하게 했으며 수용동에서 일어난 일들을 중대장이 대대장과 연대장에게 매일 아침 보고했다. 6명의 포로가 탈출했지만 다시 수용소로 돌아온 사건이 있었는데 그만큼 자체 규율이 잘 지켜지고 있다고 피에리가 평가했다.

12월 4일부터 인천수용소에서 감리교 선교사가 여성 포로 12명과 남자 5명으로 구성된 합창단을 구성하며 매주 일요일 예배를 집전했다. 12월 4일 이후 임시수용소는 매일 포로들을 이용해 여러 공사를 진행하고 있었다. 그중에서 난방 공사가 감방에 추가되었다. 하지만 여전히 야외 천막에는 난방 시설이 부족한 상태여서 포로들의 체온으로 온기를 유지해야 했다.

각 수용소 상황을 살펴보면 1수용동은 인천형무소 내 감방에 수용되었으며 옥상에도 천막 수용동이 개설되었다. 상당수 포로들은 넓은 마당에 참호나 오두막 등을 개설해 수용되었는데 천막 내에 멍석을 깔아 생활했다. 여성 포로들은 2개의 감방에 수용되었고 의무실과 가까운 건물이며 조명과 매트·담요·난로 등이 제공되었다. 지하 3개 방에는 중국인민지원군과 북한군 여성 포로들이 수용되었다. 2수용동은 17개 천막이며 한 천막에 80~100명까지 과밀하게 수용되었고 별도로 취사실 천막이 마련되었다. 3수용동은 10월 15일 개설되었고 미군 대위 보오링(J. M. Boring)이 사령관이었다. 4수용동은 부평기지 내에 건설되었고 새로운 포로들을 수용하고 있었다. 43개 수용동의 포로들은 15일마다 인천항에서 매일 약 2,000명 단위로 부산 1포로수용소로 선박을 이용해서 이송되고 있었다. 그러나 인천항에서 출발한 선박에서 포로들이 대거 사망하는 사건이 발생했다. 포로 이송에 사용된 화물선은 한 번에 4,500명의 포로를 탑승시켜 부산까지 먼 거리를 운항했다. 특히 미군은 과밀한 인원을 무시한 채 억지로 태우다가 포로와 포로들이 서로를 짓밟는 사태로 이어졌다.

전황이 유엔군에게 점점 나빠지면서 우리는 (12월에) 인천을 떠났다. 그것은 마지막 피난선이었다. … 만약 어떤 카메라맨이 인천에서 부산까지의 38시간 항해에서 일어난 일들을 촬영했다면, 사단조차도 그것을 보면서 분개했을 것이다. … 최대 3,000 톤쯤 되어 보이는 화물선 속에 4,500명의 포로가 탑승하였다. 사망자들의 사인 중 절반 이상은 발에 짓밟힌 것이었다.

삼분의 이 정도 되는 포로들이 배로 들어갔을 때, 배의 방들은 사람들로 빽빽이 차 있었다. 미군 경비들이 그들을 [더욱] 밀었다. … 하지만 이것이 소용없다는 것을 알게 되자, 그는 잭나이프로 주위의 사람들을 찔렀다. … 나는 첫 희생자의 날카로운 비명을 들었다. 그는 앞으로 엎어졌다. 무수한 사람들이 그를 밟고 지나갔다. 사람들은 그의 몸 위가 앉기 좋은 곳이라는 것을 알았다. 잔인성이 모두를 지배했다. 나는 아우성 속에서 아무 것도 들을 수 없었다.[06]

인천항에서 화물선 같은 배를 타고 부산으로 가는데 배 밑바닥부터 갑판까지 사람들로 가득 찬 거야. 그때 수많은 포로들이 짓밟혀서 죽었거든. 이때 미군들이 죽은 포로들을 모두 바다에 던진거야. 아비규환이 따로 없었지. 이 사건은 신문에도 나지 않았고… 미군 자료에는 나올 거야, 아마![07]

인천임시포로수용소에 수용된 이덕교는 평남 용강군 출신이며 북한군에 입대해 낙동강 전선을 거쳐 다시 북상하다가 포획되어 2인천임시포로수용소에서 부산포로수용소로 이송되었다. 그는 인천항에서 부산으로 가는 화물선에 탄 포로들이 서로 짓밟히는 장면을 목격하고 지금까지도 잊을 수 없는 장면이라고 했다. 위의 미군 자료를 보면 포로들은 인천항에서 출발한 당일 4,500명 중 절반이 짓밟혀 죽었다고 미군에게 고발했다. 하지만 미군들은 자체 조사나 이송과정에 대해 별다른 보고서가 없다. 물론 피에리의 보고서 어디에도 포로들이 죽은 사실을 기록한 내용이 없다.

국내 포로수용소 연구에서 인천임시포로수용소 내용은 전체 분량에 0.01%도 되지 않는다. 부산과 거제도포로수용소가 99.9% 이며 그중에서도 포로 간의 사상대립이나 악질 포로나 반공 포로 신화라는 서사에 머물러 있다. 하지만 전국 각 전선이나 중요 도

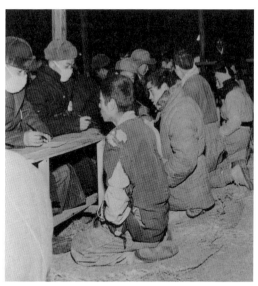

▲ 사진 64 | 북한인민군 포로가 포로등록절차를 밟고 있다(ICRC, V-P-KPKR-N-00038-15A).

시(하양·조치원·수원·대전·속초·양구·양양·대구) 등지에 흩어져 있었던 임시포로수용소와 집결소들은 제대로 연구조차 이뤄지지 않았다. 한국전쟁기 초기 포로수용소 정책은 2차 세계대전의 포로 매뉴얼에 따라 유지되었다. 따라서 인천소년형무소에 수용된 많은 포로들이 굶주림과 추위에서 생활할 수밖에 없다고 증언했다. 인천임시수용소는 사상 대립이나 자체 조직을 구성하기보다 제네바 협약에 따른 기본 조치만 실행되었다. 1952년 4월 이후 유엔군사령부의 포로정책 변화에 따라 인천에는 1953년 1월 유엔군 10부평기지포로수용소가 신설되고 포로송환 공간으로 활용되기 시작했다.

▲ 사진 65 | 1954년 1월 20일 10부평포로수용소에서 판문점으로 떠나는 중국인민지원군 포로들.
이들은 송환을 거부해 대만을 선택했다(RG 342, FH, Box 573).

3. 10 부평기지 포로수용소 이야기

한국군 군악대가 포로수용소 천막 옆에 자리하고 미군 트럭을 타고 떠나는 포로들을 환송하는 연주를 시작하고 있다. 오른쪽에 기와지붕 건물과 지붕이 없는 건물 옆으로 즐비하게 천막이 서 있다. 익히 알려진 육군기지창 혹은 에스컴 시티라는 또 다른 이름을 갖고 있는 부평의 육군병참기지사령부에 유엔군 관할 포로수용소가 있었다. 이 수용소는 북한인민군 포로 중 송환을 거부한 포로와 중국인민지원군 포로 중 제주도 모슬포수용소에 수용되었던 송환거부 포로들이 짧게 4개월 혹은 6개월 동안 머물고 있었다. 부평기지는 일제강점기부터 일본군 육군조병창이며 강제동원 노동자들의 합숙소(사진의 오른쪽 주택)까지 한국근현대사의 아픔을 그대로 간직하고 있다. 하지만 부평기지가 한국전쟁기 포로수용소였다고 알려진 게 오래되지 않았다. 그만큼 부평기지는 일제강점기부터 캠프마켓 폐쇄직전까지 군사기지라는 이미지만 남아 있다. 전쟁 말기 역사에서 감춰졌다가 다시 등장한 부평포로수용소는 어떻게 신설되었고 사라졌는지 미군 자료들을 토대로 재구성해 보았다.

한국전쟁기 마지막으로 설립된 10부평기지포로수용소

1950년 12월부터 1951년 4월까지 포로심사위원회는 1부산포
로수용소에서 송환과 미송환 포로들을 분류하기 시작했다. 1차
목표는 '남한 출신' 북한인민군 의용군 출신들을 포로가 아닌 '민
간인억류자'로 만드는 것이었다. 이승만은 남한 출신 의용군 중에
대한청년단이나 국민회 간부 출신자들을 '대한민국 국민이자 애
국자'라면서 '포로가 아닌 민간인'이라고 주장했다. 미국의 포로

▲ 사진 66 | 10부평기지포로수용소에서 판문점으로 향하는 포로들(RG 342, FH, Box 573).

정책 기조 변화 속에서 '자원송환원칙'을 적용하면서 포로의 재분류가 1951년 5월부터 1952년 4월 이전까지 진행되었다. 이 과정에서 여러 차례 포로와 포로 사이 갈등이 일어났다. 송환을 원하는 포로들은 포로수용소 사령부에 항의하는 뜻에서 대규모 시위를 벌이기도 했다.

유엔군사령부는 과밀한 1부산포로수용소의 문제를 해결하고자 거제도에 새로운 수용소를 건설했다. 하지만 한 수용동에 최소 4천 명에서 최대 8천 명의 포로들을 수용하면서 다시 과밀현상이 벌어졌다. 결국 1952년 2월 유엔사령부는 송환과 미송환 포로들을 재분류해서 수용동에 500명 단위로 수용하기로 했다. 육지 수용소에는 미송환 포로, 거제도 및 제주시에는 송환 포로들을 수용시켰다. 그 뒤 유엔군과 북한·중국의 포로교환 협상이 난항을 겪다가 전반적으로 타결을 앞두자 판문점과 가까운 부평기지에 신규 수용소 건설 논의가 나왔다.

전국 16개 포로수용소 중 제일 늦게 설립된 10부평포로수용소는 1953년 3월 3일 구 부평기지 내에 설치되었다. 수용소 사령관은 중령 앨런스 릴랜드(Alanson T. Leland)이며 대위 던(Dunn), 소령 풀러(Fuller), 소령 페르드(Ferd), 대위 피나이(Finnay) 등 여러 부관들이 있었다. 수용소 건설과 관련해 살펴보면 3월 3일 5상무대(광주)포로수용소 포로 150명은 산곡동, 지금의 부영공원에서 수용소 건설작업에 나섰다. 3월 8일 인천의 509보충중대가 수용소 건설 작업에 참여했고 3월 13일 44건설공병대대 B중대에서 수용소 건물(천막) 설치작업을 하기 위해 추가로 파견되었다. 4월 11일 새로운 급수탑 공사가 이뤄졌고 A수용동은 90%, B수용동 50%, C수용동 구역 정지 작업이 시작되었다. 그 외 식당과 행정구역, 보초탑 등을 진행하고 수용소 구역의 철조망 공사 등이 완료된 상태였다. 수용동과 수용동 사이 전기 공급은 A수용동에서 시작되었다.

4월 부상포로교환 작전을 앞두고 4월 18일 B수용동은 전체 공정의 75%, C수용동은 철조망 설치 80%와 구역 정비 50%까지 완료했다. 5월 1일부터 매일 포로 500명이 수용동 천막 설치와 부속 건물(취사실, 화장실, 욕탕) 건설 작업을 벌였는데 5월 27일 울타리, 수돗물, 화장실, 청소용 및 건축용 급수탑 공사가 100% 완료되었다. 수용소 건설은 6월 7일에 완성되었다.

3월 14일 임시수용소가 개소되었고 3월 25일 상무대 포로수용소 포로 50명이 추가로 수용되었고 마산에서 36한국군경비대대가 부평에 도착했다. 4월 16일과 24일 상무대수용소에서 포로 700명이 부평수용소에 도착해 전체 899명에 이르렀다. 5월 2일 6논산포로수용소에서 200명과 4월 28일 121병원에서 3명을 추가해 전체 1,102명으로 늘어났다. 6월 1일 1,488명, 6월 13일 1,477명, 6월 16일 175명으로 포로인원이 줄어들었다. 10부평 기지포로수용소에 수용된 포로들은 5상무대 수용소에서 이송된 북한인민군 미송환자들이고 대부분 기독교인이었다. 수용소 사령부는 미 해병1사단 부평기지 사령부의 지휘 아래 14포로경비대(장교 8명, 하사관 1명, 사병 92명), 36한국군헌병대대 A중대(장교 4명, 사병 176명)와 1한국군경비대대 B중대(장교 4명과 사병 184명)가 추가로 배치되었고 같은 대대 C중대(장교 4명, 사병 161명)를 보충하여 총 345명이었다. 5월 19일 부평기지 사령부와 10포로수용소 부대 현황은 〈표 3〉과 같다.

〈표 3〉 1953년 5월 19일 부평기지와 유엔군 10부평기지 전쟁포로수용소 경비인원

부대명	장교	사병
미 해병 1사단 상륙전초 대대	37	739
미 해병 1사단 공병대대	2	44
미 해병 1사단 군사경찰대대	5	198
미 해병 1비행단	23	255
미 해병 전투지원단 2지원부대[08]	6	122
7함대 해병대대 임시트럭중대	6	83
미 육군 79보급대대(수송)	22	265
미 육군 74보급대대	20	265
미 육군 44건설공병대대	32	719
유엔군사령부 10전쟁포로수용소	13	182
한국군 6보급대대	8	202
36한국군헌병대대	4	176
한국군 1경비대대 B, C중대	8	345
미 육군 304통신대대 라디오중대	4	29
함대 해병 수륙양용 트랙터 대대	1	10
미 육군 570급보급중대	5	75
총 인원	196	3,709

〈표 3〉에서 포로수용소 경비와 호송대 인원은 36한국군 헌병대대와 경비대대 B, C중대이며 1953년 6월 23일, 26일 각각 임무에서 해제되었다. 부평기지는 해병대에서 관할하고 1군단과 미8군의 지휘를 받았다.

포로들의 불만과 시위 그리고 탈출

10부평포로수용소에서 제일 큰 사건은 한 번의 시위와 포로 대탈출이다. 앞의 사건은 '석방을 요구하는 자체적 시위'이며, 뒤의 탈출 사건은 이승만에 의한 조직적 사건이다. 앞의 포로들의 시위가 어떤 과정에서 진행되었는지 살펴보자. 첫 번째, 포로수용소 건설과정에서 포로들이 불만을 표출했다. 포로들은 매주 6일 동안 매일 9시간씩 수용소 건설 작업에 투입되었는데 '불충분한 식사나 부족한 약품에 대해 불만'을 표시했다. 5월 22일 포로들에게 지급하는 식사가 2,600kcal나 줄어들었다. 이에 포로들은 수용소 사령부에 불만을 표시했다. 두 번째, 포로들은 '석방'이 아니라 송환을 바라는 모든 세력에 적대적으로 대응했다. 비송환 포로들은 이승만의 지지와 정치적인 반공주의에 입각해 중립국감독위의 통제를 찬성하는 포로와 한국군 및 민간요원들을 적대적으로 판단했다. 특히 송환을 제안하는 포로 지도자들이 있다면 적으로 간주했으며 미군 이외 다른 세력의 직접적인 통제를 원하지 않는다

▲ 사진 67 | 중국인민지원군 포로들이 10부평기지포로수용소에서 출발해 인천 시내를 통과하
고 있다(RG 127, GK, Box 9).(상)
사진 68 | 중국인민지원군 포로들이 10부평기지포로수용소에서 판문점으로 출발하고 있다
(RG 342, FH, Box 573).(하)

고 주장했다. 한국군 경비대는 포로에 대해 부정적인 인식을 갖고 있었으며, 포로들을 송환해야 한다고 주장하는 시민이나 단체들을 적으로 간주했다. 이처럼 부평수용소 포로들은 다른 지역과 달리 반공주의에서 강성으로 분류될 수 있을 듯하다.

6월 14일 오전 9시 하먼 윌슨(Herman L. Wilson) C수용동 부사령관은 대한반공청년단 부평지부의 북한인 포로가 현수막을 그리는 것을 목격했다. 윌슨은 '행동을 준비'하라는 제목의 문서도 함께 압수했다. 현수막에는 '통일된 한국 없이 우리는 휴전반대'라는 표어가 그려져 있었다. 윌슨은 구역사령관에게 현수막과 서류를 전달했다. 수용소 본부는 오전 12시 18분부터 밤 8시까지 집회를 열겠다는 대한반공청년단에서 영어로 작성된 문서를 받았다. 이 문서는 최동성 반공청년단 부평수용소 지부장 명의로 서명된 것이었다. 오후 1시 수용소 사령관은 모든 부대(한국군과 미군)에 경계령을 내리고 전체 직원회의를 개최했다. 사령관은 직원들과 하사관들에게 현재 상황을 설명하고 포로들의 시위에 대비하라고 지시했다. 오후 1시 15분 영어로 작성되고 최동성이 서명한 2차 문서가 수용소 사령부에 전달되었다. 오후 2시 30분 구역사령관은 모든 수용동에 깃발, 현수막, 포스터 문서들을 압수하기 위해 긴급하게 수색 작업을 명령했다. 3명의 한국군 소대원이 작전에 투입되었다. 오후 3시 10분 A, B 수용동과 구역 외부의 공병 프로젝트에 대한 작업 중 포로들이 노래를 시작했다. C수용동에서도 노래를 부르며 대열에 합류했다. 구역 바깥쪽으로 5개의 세부사항이 건물 지붕 위에 부착되었고 포로들은 깃발을 흔들며 노래를 불렀다. 수용소 경고에도 포로들이 시위를 강행하자 사령부는 포로들에게 최루탄을 발사했다. 이 과정에서 반공청년단 부평수용소 지부장 최동성, 김봉철, 도두수, 김한진, 도남식, 이운선, 김천교, 최청열, 김윤문, 백운태 등이 미군에 체포되었다. 이날 시위에서 22명의 포로가 부상을 입었다.

반공청년단은 시위 직전 애국가 제창, 개회사, 수용소 현 상황 보고, 결의안 통과 순으로 진행했으며 군가로 전우가, 청년행진가, 반공청년단 단가, 군대행진가, 민주공화국의 전사들, 공산당과 싸우다, 공산당을 물리치다, 공산당 박멸가 등을 순차적으로 불렀다. 미 해병대 CIC 보고에는 "포로들은 더 이상 시위를 하지 않을 듯하다"고 상부에 전달했다. 부평수용소는 1953년 5월 23일 전쟁포로사령부(부산)와 부평수용소 외 전국 11개 수용소에서 민간정보교육국(CI&E)과 전쟁심리전부의 '전쟁포로 정치조직의 정책방향'이라는 지침에 따라 미송환포로들의 정치 및 재교육을 강화하고자 했다. 부평수용소 민간정보교육국 인력을 포함한 수용소에 고용된 한국 민간인들의 태도는 매우 자발적이었는데 주로 첩보기본요소(Essential Elements of Information, EEI) 중 포로들의 활동 내용을 수집했다. 주요 내용은 한국군 경비대 상황, 수용소의 민간 요원, 미송환포로의 중립국위원회 선택, 한국군의 포로들에 대한 태도 변화, 외부의 민간인단체 혹은 인사들이 포로들에게 미치는 행위 또는 시위, 포로들의 탈출 등이다. 포로수용소 사령부는 매일 오전에 방첩대(CIC)와 민간정보교육국 요원 등을 통해 수집한 내용을 취합해 상부에 보고했다.

전국에서 발생한 대규모 탈출사건은 한국정부의 조직적이고 치밀한 계획 아래 펼쳐진 작전이다. 6월 24일 부평포로수용소 14포로근무부대가 작성한 '1953년 6월 18일 사건 잠정보고서'에 따르면 6월 18일 오전 4시 5분 포로사령부에 전화로 "전국 10개 포로수용소에 포로들이 탈출하고 있다"는 메시지가 전달되었다. 같은 시간 부평수용소는 50명의 한국군 경비들을 추가 배치했다. 구역사령관은 각 수용동의 경비를 강화하고 외부에서 포로들이 노역할 때 한국군 경비 3명을 배치하기로 했다. 정오 12시 45분 한국군과 미군 경비원들은 기관총 등을 완전무장한 상태에서 경비를 강화했다. 그러나 밤 9시 4분 한국군 경비대의 도움을 받아 포로들이 탈출하기 시작했다. 포로들은 A수용동부터 순차적으로 탈출을 시도했는데 탈출자 583명, 탈출 도중 미군 총에 맞은 사망자 41명, 부상자 107명, 체포 75명이었다. 전체 포로 1,475명 중 882명이 잔류했다. 6월 24일 미군의 '6월 18일 사건보고'에는 사망 44명(두개골 파손 6명, 총상 32명, 총검에 의한 5명, 미확인 1명)으로 늘었고, 21후방병원을 비롯해 65명이 입원했다. 사건 이후 방첩대(CIC)는 수용소 내부와 지역 민간인들 사이에 첩보활동을 강화해 탈출 포로들을 수색해 수용소 첩보(S-2)부서에 보고하고 있었다. 미 군사고문단 소령 브리튼이 수용소 사령부에 추가 파견되었는데 포로탈출 사건과 직접적인 관계가 있었다. 6월 19일 부평수용소는 기존 한국군 경비대원 368명에서 165명(1한국군경비대대 C중대)을 추가로 파견해 엄중한 경비 체제를 유지하고 있었다. 이 사건 직후 10부평기지포로수용소 사령부는 1953년 7월 4일 잔류 포로 전원을 6논산 포로수용소에 이송 처리했다.

10부평기지포로수용소 중국인민지원군 오다

바로 다음 날 7월 5일 제주도 3모슬포포로수용소에 수용된 중국인민지원군 미송환 포로들이 제10포로수용소에 다시 수용되었다. 이들 포로들은 1954년 1월 21일 인천항에서 대만으로 출발했다. 출발 당일 포로 14,321명은 미군이 제공한 LST선 5척과 일본 상선 10척에 나눠 탔다. 그러나 소형 미군 보트가 대만 포로 수송선과 충돌하는 사건이 발생했다. 오전 10시 5분 미 해병대 43명이 승선한 보트는 안개 낀 상태에서 해군 LST선을 못 보고 그대로 정면충돌한 것이다. 이날 전체 43명 중 24명이 사망하고 19명이 부상을 당했다.

▲ 사진 69 | 1952년 4월 10일 인천항의 '찰리'부두(RG 127, Box 29, GK-235-A167494).

4. 인천항에서 :
송환과 귀환의 길목

한국전쟁기 인천항은 전투 현장의 보충병부터 휴가를 떠나는 병사, 대만으로 떠나는 중국인민지원군, 인도로 떠나는 중립국 포로, 북한 포로수용소에서 귀환한 국군 포로들이 통영시 한산면 용초도로 떠나는 곳이었다. 1952년 4월 10일 미 해병 1사단 소속 하사 존 슬록보우워(John C. Slockbower)가 찍은 사진에는 찰리 부두 전경과 아치에 걸린 "여행을 잘 다녀오세요(BON VOYAGE)"라는 환송의 글자가 선명하다. 미 해군들이 부두 주변에 앉아 있고 그 뒤편 바닷가에 돛단배와 순찰선들이 어지럽게 오가고 있다. 찰리 부두는 1948년 3월 17일 미 육군 공병대에서 작성한 인천기지 E구역의 104평에 해당하는 곳인데 해방 직후 조선에 첫 상륙한 미군점령군 선발대와 조선 내 철수 때에도 이용한 곳이었다.[09] 이 부두는 상륙작전과 포로 수송까지 한국현대사의 주요한 이야기를 간직하고 있다.

한국전쟁 막바지 북한 지역의 판문점에서 정전협상이 접점을 찾고 있을 무렵 동부와 중부전선에 걸쳐 고지전에 죽어가는 양측 병사들이 증가하고 있었다. 유엔군과 북·중국군은 지금의 판문점 예정지에서 부상포로 교환 뒤 1953년 8월 일반포로 교환 작전(빅 스위치)에 나섰다. 이 작전은 1거제도포로수용소, 4제주시포로수용소(지금의 제주시 용담동 국제공항)와 통영시 한산면 1B용초도, 1C봉암도민간인억류자수용소 북한군과 중국인민지원군 포로들을 송환하기 위해 인천항을 거쳐 판문점으로 이동하는 것이었다. 거제, 통영, 제주도에 수용된 포로들은 미군 수륙양용주정(LST)에 승선해 긴 항해를 시작했다. 인천임시포로수용소에서 생존해 부산과 거제도수용소에 간 포로들은 같은 항로를 이용했다. 수송 선박에 동물 우리처럼 나무판자를 이용한 감방이 만들어졌다. 몇 시간 동안 제대로 앉지도 못한 포로들은 인천항 찰리부두에 도착하자 물밀 듯이 내렸다. 인천항을 거쳐 가는 포로들의 행렬을 몇 장으로 나눠 살펴보고자 한다. 사진에 담긴 피사체(포로)에서 인천과 어떤 인연이 만들어졌는지 곰곰하게 생각해 보자.

북으로 가는 포로들

〈사진 70〉을 보면 1953년 4월 판점문에서 열린 부상 포로 교환(little Switch) 때 북한 민간인 억류자가 미군 트럭에 탄 상태에서 노래를 부르고 있다. 사진 설명에는 "북한 민간인 억류자가 유엔의 포로교환 때 송환; 작전 리틀 스위치(little Switch) 때 한국의 판

문점에 있는 공산주의 송환 수용소에 도착하면서 애국적인 공산주의자 노래를 부르고 있다. 이 포로들 중 한 명이 포로수용소에 억류되는 동안, 그리고 판문점으로 이동하는 과정에서 어떻게 소동을 야기했는지 알 수 있다"라고 하며 '애국적인 공산주의자 노래'와 '소동 야기'에 방점을 찍고 있다.

'애국'이라는 단어는 미군 여러 문서에서 자주 등장한다. 인적자원연구소에서 낸 『HumRRO 기술 보고서 초안, 한국전쟁기 북한인 및 중국인 전쟁포로들의 정치 행동: 역사적 분석』[10]은 "공산주의자들이 통제하는 수용동에서는 민간정보국 강습 프로그램의 효과를 상쇄시키기 위한 '애국주의적 교육'을 조직적으로" 만들었

▲ 사진 70 | 1953년 4월 30일 RG 111-SC 422036(FEC-53-4977).

으며 수용소에서 일어난 모든 시위는 '애국주의적 시위'이고 '자원 송환에 반대한 포로들의 투쟁은 죽음을 불사하려는 애국심'이라고 평가했다. 이 보고서에서 송환 포로들의 행동은 '애국'에서 시작되었다고 규정하고 있다.

던킨(Denkin)은 차량 안에 4명이 가득 찬 상태와 '소동'을 일으키는 장면을 포착했으며 민간인 억류자를 인수하려는 4명의 북한 인민군을 바라보는 미군 장교 표정을 그대로 담아내고 있다. 미군 장교는 4명의 인수자에게 무언의 '항의'로 노려보는 표정을 짓고 있다. 이 또한 상당히 '의도된 시각'에서 벗어날 수 없는 구도일 것이다.

차량 안의 좌측에 있는 민간인 억류자부터 시계방향으로 모두가 입을 벌리고 있어 노래를 부르는 모습임을 알 수 있다. 특히 사진 설명에서 주목하는 가운데 '한 명'은 눈을 감은 상태에서 절규에 가까운 표정을 짓고 있는데 아마도 민간인 억류자일 것이다. 모두 두 손을 꼭 쥔 채 좌우 두 사람은 중앙에서 울부짖는 민간인 억류자를 응시하고 있다. 제일 안쪽에 있는 두 민간인 억류자는 던킨(Denkin)을 바라보고 있다. 미군은 '동양 공산주의자'들이 애국심에서 노래를 시작하면서 시위 등을 벌인다고 지적하고 있다. 거제도포로수용소에서 벌어진 미군과의 충돌은 북한인민군들의 집단 합창에서 시작되었음을 상기할 필요가 있다. 사진 설명에 '포로수용소에서 억류되는 동안'이라는 표현이 나오는 맥락을 이해할 수 있을 것이다. 따라서 이 사진은 '동양 공산주의자'의 이미지를 강화시켜 주는 아이템일 것이다.

〈사진 71〉은 북한인민군 옷을 입은 두 명의 국군 귀환 포로가 한 명의 어머니와 재회하는 장면이다. 어느 귀환 포로의 어머니일까. 사진 설명에 보면 "이등병 이정원과 일등병 김면국 사이에 앉아 있는 여성은 일등병 김영하의 어머니이다. 이들은 포로교환이 예정된 날짜 이전에 공산주의자로부터 체포되지 않고 탈출했다."

▲ 사진 71 | 1953년 4월 30일 RG 111-SC 422036(FEC-53-4977).

고 한다. 사진에 나오지 않는 김영하를 비롯한 4명은 중립국감시 아래 있는 북한 지역 포로수용소에서 탈출했다.

사진은 304 통신운영대대 사진소대 사진병 세이지(R. SAGE)가 촬영한 것이다. 이 사진의 특징은 어머니와 귀환군 포로라는 아주 한국적인 모습을 보여주고 있다. 중앙에 앉은 김영하의 어머니는 흰 저고리에 감색 치마를 입고 기쁨의 눈물을 연출하고 있다. 양 옆으로 두 귀환 포로는 상반된 표정이다. 오른쪽 귀환 포로 김면국은 울먹이는데 왼쪽 이정원은 뭔가 깊은 생각에 잠겨있다. 세이지는 두 귀환 포로보다 중앙에 앉은 어머니(한국의 모든 어머니)를 연출하는데 초점을 두었다.

〈사진 72〉는 〈사진 71〉과 비교된다. 1953년 4월 22일 도쿄 8090 육군병원대에 입원한 일등병 도널드 르게이(Donald K. Legay, 레민스터 마사 출신, 2사단 9연대 C중대)는 사진 설명에 "북한 공산주의자들에게 포획되었다가 포로 교환에 의해 송환"되었다고 했다. 옆의 여성은 유엔군사령관 마크 웨인 클라크(GENERAL CLARK)의 아내 클라크(MRS. MARK W. CLARK)이다. 마크는 8090 육군병원에 위문 방문차 와서 르게이를 만난 것이다. 그러나 사진은 '군사보안 검토'라고 적혀 있어 언론보도에 사용되지 않았다.

두 사진은 곧 바로 해제되지 않았고 강인한 '용사'의 이미지를 찾아볼 수가 없다. 눈물 흘리는 어머니와 무표정으로 울고 있는

▲ 사진 72 | 1953년 4월 22일 RG111-SC 421906(FEC-53-4725).

귀환 포로 모습에서 '귀환용사'라는 이미지는 전혀 찾아볼 수 없다. 〈사진 72〉의 환하게 웃는 클라크와 미소 짓는 르게이는 '강인한 용사'와 전혀 어울리지 않았다. 특히 유엔군사령관의 아내가 귀환 포로를 만나는 장면이 '기밀'로 처리되었다. 극동사령부 소속 71 통신사진중대 로스(JAMES BARRY ROSS)는 유엔군사령관의 부인을 수행하고 행사 사진을 촬영한다고 생각한 것이다.

미국으로 가는 포로들

304 통신운영대대 사진소대 조셉 아담스(Joseph H Adams)가 촬

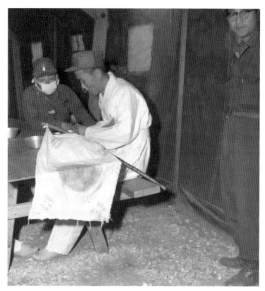

영한 〈사진 73〉은 흰 천에 그린 태극기를 주목하고 있다. 사진 설명은 "공산군에 포획되어 포로 교환소로 귀환한 한국군; 작전 리틀 스위치, 제5한국군 육군외과병원 본부에서 뜨거운 수프를 즐기기에 충분한 시간을 두고 집에 가져갈 깃발을 만들었다"고 되어 있다. '깃발(태극기)'이 핵심이다. 왜 귀환 포로는 태극기를 그려 넣고 자기 집으로 가져가겠다고 한 것인가. 그는 북한포로수용소에서 돌아왔지만 여전히 '대한민국을 지지한다.'는 것을 증명하고자 한 것이다. 어떤 귀환 포로는 귀환하는 중에 혈서를 쓰기도 했다. 바로 태극기는 "나는 적이 아니다."라는 자기 사상의 증명과

도 같았다. 사진은 생존과 사상의 증명을 보여주고 있다. 이 속에서 이중 노출이 존재한다. 생존과 사상검증 두 가지가 노출된 셈이다.

많은 사진작가들이 전쟁 사진에서 최전선의 전투, 폭탄 투하 직후, 민간인 피해, 무기, 포로 등을 선호한다. 그 이유는 잡지 혹은 신문이 그런 사진에 더 많은 관심을 갖고 있기 때문이다. 전쟁 사진의 최대 생산자는 사진작가가 아닌 사진병이었다. 그러나 사진병은 전문 전쟁 사진 분야에서 비전문가였고 '직업'과 같은 수동적인 자세를 유지했다. 여기서 소개한 사진들은 전문 사진계에서 제대로 평가를 받지 못했다. 앞에서 여러 장을 살펴보면서 본 주제와 제일 근접한 두 장의 사진은 아마추어보다 인물 사진의 교본과 같다. 사진작가들이 선호하는 장면이 아니지만 포로 사진의 한 단면을 그대로 보여주고 있다.

〈사진 74〉는 부상 포로 교환 직후 미군 포로 3명이 제45외과병원(이동본부)에서 내외 언론사들과 기자회견을 하는 장면이다. 송환 포로 인식표를 달고 있는 2명의 시선은 언론사 기자들을 보고 있는지 아니면 외면하는 듯하다. 가운데 귀환 포로는 매우 불안한 표정이 역력하다. 제일 왼쪽의 귀환 포로는 사진병 잭 캔탈(Jack Kanthal, 304 통신운영대대 사진소대)을 응시하고 있는데 다른 2명과 달리 어두운 표정이 아니다. 귀환 포로 뒤에 선 왼쪽 끝의 미군 장교는 기자들을 응시하고 있다. 책상에는 질문지로 보이는 여러 장의 종이가 놓여 있다. 이들의 기자회견 내용은 국외 언론에 게재되었다. 주요 내용은 북한포로수용소에서 겪은 학대와 북한군의 비인도적인 행위를 고발하는 것이었다. 귀환 포로들이 북한포로수용소에서 지낸 기억 때문에 더욱 지친 표정일 수 있다. 하지만 이들은 본국으로 돌아가는 LST 선에서 미군 CIC 심문관으로부터 강도 높은 심문을 받았다. 일부 귀환 포로들은 징역형이나 며칠의 구류를 살았지만 '불명예제대'라는 꼬리표를 달고 마을에서 환영받지 못했다. 단지 그들은 가족들과 '살아 돌아왔다'는 인사를 나누는 정도였다.

국군 귀환 포로는 부상자든 일반 포로든 모두 귀환군 집결소(경남 통영시 용초도, 제1B용초도포로수용소)에 입소했다. 여기서 귀환 포로는 반공교육과 군사훈련을 다시 받았다. 일부 귀환 포로는 집결소의 재심문 과정에서 자살하거나 죽임을 당했다. 이들은 미군과 한국군 방첩대에 북한포로수용소에서 간부를 지낸 사람과 인민군으로부터 '세뇌 교육' 받은 내용, 부역 행위를 한 동료를 고발해야 했다. 귀환 포로 박진홍은 '지옥도'에서 '패자'였음을 말하고 있다. 자신에 대한 검증의 시간이었다.

〈사진 75〉는 환하게 웃는 국군접수본부 최석과 국군 귀환 포로이다. 일반 포로 교환은 1953년 8월부터 9월까지 이어졌다. 부상 포로는 병원에서 치료를 받고 있었다. 그러나 일반 포로는 교환된 즉시 인천항에서 대기하고 있던 LST를 타고 통영 용초도 귀환군 집결지로 이동해야 했다. 사진 설명에는 "최 장군과 전쟁 포로의 인사. 최 소장은 자유 마을에 도착하는 귀환 남한군인을 접견하고 있다."고 짧게 적고 있다.

이 사진은 문산리에서 해병 1사단 1연대 1통신대대 이블랜드(J. R. EVELAND)가 촬영했다. 사진의 중심은 최석과 귀환포로가 악수하는 장면이다. 최석의 웃는 모습과 귀환 포로의 굳어진 표정이 상반된다. 귀환 포로는 사진병의 렌즈를 보면서 숨은 표정을 짓고 있다. 여기서 숨은 표정은 용초도로 가서 심문을 받아야 했

▲ 사진 75 | 1953년 8월 16일 RG127-GK-65(A 174574).

기 때문이다. 용초도에서 사상검증을 받은 귀환 포로 박진홍은 다음과 같이 불안감을 묘사했다.

우리는 사상 검증을 받을 수밖에 없었다. 모두가 불안감에 휩싸였다. 만일 빨갱이로 낙인찍힌다면 대한민국에서는 죽새 길도 살 길도 막히는 것을 의미했다. 살아도 죽은 사람과 같은 것이다. 심사관의 판정에 따라서 생사가 결정이 되었

다. 심사가 시작되면서 수용소에서는 초긴장이 흘렀다. 심사
를 마치고 나오는 동료를 둘러싸고, 심사관이 무엇을 물었으
며 뭐라고 대답했는가를 불안한 표정으로 물어보았다.[11]

귀환 포로는 재심문을 받고 A, B, C 혹은 갑, 을, 병으로 나뉘었
다. 용초도 귀환군 집결소의 관리는 헌병사령부가 맡았지만 심문
은 CIC가 감독했다. 특무대는 "국가정책상 을종으로 분류된 자
중 극히 악질적인 자만을 처단하고 나머지 인원은 관대히 처분 조
치"했다고 한다. 특무대는 사법 처리되지 않은 을종 469명의 심사
기록을 별도 선발해 '간첩색출 활동'에 이용했다고 밝혔다. 전체
593명 중 469명을 제외한 124명은 '의법 처단'된 것이다.[12]

최석 뒤편의 귀환포로의 굳어진 표정과 더 안쪽에 잘 보이지 않
지만 어두운 곳에서 희미하게 보이는 귀환 포로는 나중에 펼쳐질
일에 대한 불안을 보여주는 듯하다. 이처럼 사진에서 이중노출이
그대로 적용되고 있다. 최석의 웃음과 귀환 포로의 '불안감'이 겹
쳐져 있다. 사진에서 표현되지 못한 귀환군 집결소의 귀환 포로에
게 자행된 폭력과 '내부의 적'을 찾고자 여러 차례 진행된 심문은
또 하나의 이중노출에 해당한다. 살아 돌아온 귀환 포로이지만 다
시 적과 동일하게 대우를 받은 귀환 '용사'들은 그 어떤 이미지에
서도 찾아볼 수 없었다.

1954년 1월 21일 대만 행을 선택한 중국인민지원군 포로들은 제주도 모슬포수용소에서 부평포로수용소에 머물렀다가 판문점으로 갔다가 인천항 찰리부두에서 대만 지룽 항으로 향했다. 〈사진 76〉에 보면 대만 깃발을 든 포로들이 이미 LST선에 타고 있다. 사진은 부두에서 미군 선박과 충돌하기 직전이다. 이들은 대만 지룽 항에서 대대적인 환대를 받았지만 그 날뿐이었다. 대만정부는 마조도라는 섬에 포로들을 감금시켜 반공 '세뇌' 재교육에 나섰다. 대부분의 포로는 정부의 지시에 따라 결혼도 못한 채 훗날 베트남전에 용병으로 투입되었다.[13] 장개석 총통이 말한 '자유로운 삶'은 포로들에게 그림의 떡이었다. 1970년대 포로들은 대만의 선전도구 혹은 자유중국의 선전에서 일등 공신이었다.

전쟁이 멈춘 70년 동안 인천항에서 떠난 포로들은 어떤 삶을 살고 있을까. 종전선언과 평화협정의 이야기가 대두되는 지금, 우리는 다시 포로들을 생각하지 않을 수 없다. 이념의 시대이자 반공재교육의 시대에서 포로를 통해 평화의 서사로 바꿀 수 있을 것인가.

▲ 사진 76 | 1954년 1월 21일 인천 찰리부두에서 미군 수륙양용주정(LST)을 타고 떠나는 중국인민지
원군 포로 중 대만으로 가는 포로들이다(RG 342, FH, Box 573, NASM 4A 36164).

4장

인천, 미군기지화

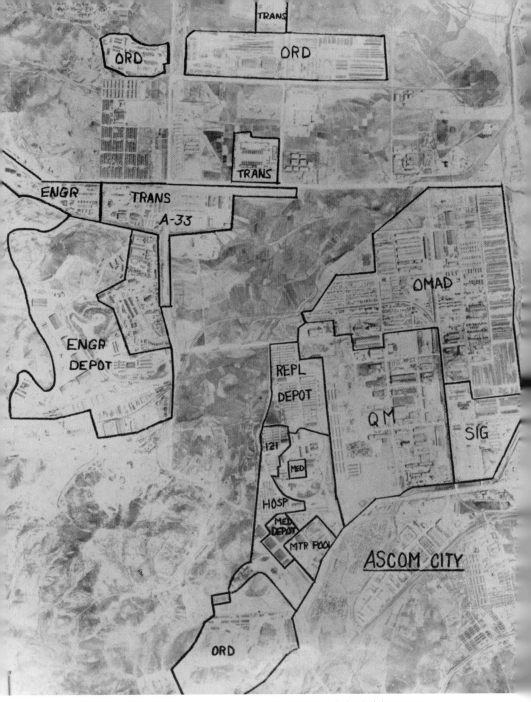

▲ 사진 77 | 1956년 4월 4일 지금의 부평구 산곡동 일대 육군기지창 일명 에스컴 시티(ASCOM City)
일대와 부평동, 갈산동, 작전동까지 확장된 미군기지가 잘 나타나 있다(RG 550, A1-2,
Box 98).

1. 부평기지의 복원과 확장

    항공사진 오른쪽 하단에 '애스컴 시티(ASCOM City)'는 일제강점기 일본군 '육군 조병창(陸軍 造兵廠)'이라고 불린 병참 또는 보급창이며 1945년 9월 11일 미군 점령군 선발대에 다시 점령되어 24군수지원사령부(ASCOM 24) 또는 육군 기지창(Army Service Command, ASCOM City)이라고 명명된 곳이다. 애스컴 시티(ASCOM City)는 지금의 지명을 따서 부평기지라고 통칭한다. 부평기지 좌우로 보면 미군기지가 빼곡하게 도시를 점령하고 있음을 보여주고 있다. 부평기지 왼쪽 하단에 'ORD'는 보급, 'MTR POOL'는 모터 풀, 'MED DEPOT'는 의료파견대, 'HOSP'는 병원, 'MED'는 의료, '121'는 121후송병원, 'REPL DEPOT'는 보충보급창이고 그 옆으로 'QM'는 병참, 'SIG'는 통신과 'OMAD'는 운영유지부 등인데 지금의 산곡동 일부와 부평 갈산2동과 삼산2동, 부개3동 등지이다. 왼쪽 하단부터 상단까지 'ENGR DEPOT'는 공병보급창, 'TRANS'는 수송, 'ENGR'는 공병, 'ORD'는 보급 관련 기지들이다. 이곳은 산곡동, 작전동, 계산동 일대이다. 현재 미군 기지들이 철수하고 대규모 아파트 단지나 주택지로 탈바꿈했다. 언제부터 부평 일대가 군사기지화 되었을까.

지금으로부터 81년 전인 1939년 8월 9일 일본군은 부천군 부내면 산곡리·대정리 일대 728,000여 평(훗날 100만 평 규모)의 24사단 경리부 소관 부평연습장(1923년 신설)에 만주, 북중국에서 침략전쟁을 지속적으로 수행하고자 조병창을 건설해 소총 2만 정, 경기관총과 중기관총 각각 100정, 총검 2만정, 군용 칼 2천 개를 제작하고자 했다. 이 조병창은 1940년 9월 28일 고쿠라(小倉) 조병창 소속의 인천조병창이라고 명명하고 예산 440,000원을 투여해 건설에 들어갔다. 아시아-태평양전쟁 직전 완공된 인천육군조병창(1940. 12. 2 설립)은 기존 무기 외에도 비행기 조립과 항공용 탄환 생산과 철도양성소 등을 운영하고 있었으며 독립자동차부대 301중대에서 담당했다.[01] 이곳 전체 면적 15,112평방미터에 금속·탄약·화약·공구 등 여러 공장들과 의무과, 본부, 제1 제조소, 제품고, 연마공장, 조립공장, 회계과 창고까지 마련해 밤낮으로 무기생산에 들어갔다. 그 외 시설은 약 800명이 거주할 100개 동의 막사와 도로·수도·철도 등 기반시설을 비롯해 소총 지하시설 3.5만 평방미터, 실탄 지하시설, 동력원 지하시설 등을 갖추고 있었다.[02]

일제의 '무조건 항복' 직후 인천조병창 제1제조소 제1공장장 조
선인 소좌(소좌는 소령 계급)는 군민들의 협력과 조병창 조선인 노
동자들을 중심으로 치안조직을 결성하여 부평지구치안대라고 명
명했다. 8월 26일 부평치안대의 요청에 따라 조선인 소좌는 기존
부평지구치안대와 통합해 부평치안대장이 되었다.[03] 따라서 인
천육군조병창은 1945년 9월 11일 정오에 미 육군 24군수지원사
령부에 점령되기 전까지 부평치안대에서 관리하고 있었다. 9월
16일 24사령부 본부와 주요 부대가 인천육군조병창에 자리를 잡

▲ 사진 78 | 1968년 4월 19일 121후송병원 전경(RG 111, Box 1, CC-48821).

으면서 군수지원사령부시라는 뜻의 애스컴 시티(ASCOM 24 혹은 ASCOM City)라고 불리게 되었다. 이 기지에 미 육군 7보병사단 소속 55병참보급창, 181통신중대(통신보급창) 및 74주격납고(74 보급대대)가 기존 일본군에서 사용한 건물들을 사용했다. 1945년 후반부터 미군은 오키나와에 보관된 장비와 물자를 이동시켜 크고 작은 대규모 건물과 다른 건물들에 보관하기 시작했다. 이 지역은 다수의 빈 건물과 철도시설(경인선), 인천항과 근접성 때문에 선택되었다.

애스컴 24 책임자는 소장 취버스(Cheves)이며 대령 에드몬즈

▲ 사진 79 | 121후송병원과 부평기지 전경(RG 111, Box 1, CC-48822-1).

(Edmonds, 주한미군정 G-4), 중령 그레이셔스(Gricious, 부관, G-4)이다. 24군단 보급담당(G-4) 대령 킬로탈트(Killotant, 병참), 중령 에버렛(Everett, 병참), 버로우(Burrow, G-4) 등이 기지를 담당했다. 10월 이후 애스컴 24(대령 Talley) 본부는 장교 3명과 사병 1명으로 구성되었다. 그 밑에 제101통신대대 파견대, 의료파견대, G-2 소속 CIC 파견대, 제3231 통신사진파견대, 제308폭격대, 군사우편과 제7보병사단(의료파견대, 184보병 G중대 184명) 등이 배속되었다. 이때 애스컴 24는 일본군 조병창을 그대로 사용하고 기존의 직원들을 해고했다. 또한 기지 내의 모든 물품은 미군 소유물로 바뀌었다. 인천항에 들어오는 미군들은 모두 애스컴 24를 거쳐 서울이나 다른 지역으로 이동했다.

1948년 3월 9일 애스컴 24는 주한 육군 군수지원사령부 또는 기지창사령부로 명칭을 변경했다. 같은 해 3월 12일 애스컴 시티 내에 민간인을 고용하는 클럽이 개장되었다. 이 클럽 '아카닥(Acadac)'은 인천에서 제일 처음 개설된 것이며 춤과 오락, 넓은 라이브 라운지 등을 갖추었다. 클럽 회원 155명은 대부분 미군 장성과 한국군 장성들로 구성되었다. 개장식 날에는 애스컴 기지, 9의료보급창, 382역전병원, 599공병기지창의 장교들이 대거 참석했다. 1949년 1월 7일 한국 경찰은 미군기지 보호 의무에 따라 200명의 경찰파견대를 애스컴 시티에 배치했다. 이들 경찰파견대 사무실은 제12, 54, 55, 56, 57, 58호라고 붙여진 건물이다.

부평기지에 많은 대형 건물들이 존재했는데 대부분 병참과 군수품 창고들이었다. 미군과 민간전문가의 감독 아래 한국 노동자들을 포함해 4, 5단계 정비 재건 프로그램이 시행되었다. 이 전문가들은 나중에 주한미군사고문단(KMAG)으로 알려지게 된 임시군사고문단(PMAG)에 예하로 들어갔다. 건물들은 군수품 창고로 개조된 것 외에도 육군보급창과 44공병대대가 점유하고 있는 지역에 상당한 주택이 건설되었다. 1946년부터 1949년 운영이 정지되기까지 400병상 규모의 병원이었던 382위수병원은 55병참 보급창고 장교 클럽과 미혼 장교 숙소가 있는 곳에 위치해 있었다. 1949년 382위수병원이 해체되는 시점부터 한국전쟁이 시작될 때까지 한국군 1의료단 위수병원 건물을 이용했다. 이곳은 미군 가족들의 탈출 이후 한국 정부에 이양되었다. 미군 철수 이후 부평기지는 한국군과 미군사고문단에서 사용하고 있었다.

부평기지 주요시설은 A구역에 사령부 17,500평인데 구 일본군 병참기지사령부 구역이다. B구역(1936년 일본군 무기고 구역) 12,578평, 부평1가 235-1번지 일대 47,000평(일본군 무기고 구역, 미군 민간인 주택 및 장교 관사 구역), 같은 번지 내에 일본군 무기고 27,031평, T구역 12,812평, M구역 5,156평, I구역 11,708평, L구역 5,156평 등이다. 인천기지는 E구역 6,178평과 E-8, E-18 건물 16,773평, E-30 20평, G구역 48,043평, C구역 615평(요시다 겐지로 소유) 등의 민간 건물이 포함되었다. 이들 기지 부지들은 모두 한국 정부에 이양되었다. 그러나 1950년 7월 4일부터 9월 14일까지 부평기지는 북한군이 점령해 사용했으나 9월 15일부터 미군 3병참기지사령부에서 본부로 이용하였다. 많은 건물들이 콘크리트와 벽돌 벽만 남아 있는데 전쟁 때 폭탄과 포탄에 의해 파손된 건물들은 거의 없었다.

1950년 9월 22일 일본 요코하마에서 일본병참사령부 산하 제3병참기지사령부가 조직되었는데 애스컴 시티 기지에 배속된 부대와 함께 인천기지사령부, 해병 1사단, 해병 7보병연대, 1해병비행단, 17한국군보병사단, 187전투폭격팀, 서울구역사령부, 한국군 해병대 등이 배속되었다. 9월 23일 사령부는 요코하마를 떠나 26일 인천항에 도착했다. 이때 10군단 본부와 3병참기지사령부 본부는 9월 27일 전투지휘사령부를 애스컴 시티에 설치했다.[04] 그 예하 부대를 보면 9월 15일 미 1해병사단, 해병비행단 편대 3,800명(인천상륙작전 참전), 110보충대대(3개 중대), 712공병창 중대, 2공병대(인천항 구역), 105·106의료보급창, 4야전병원, 8220전쟁포로처리중대, 60병참단, 181통신창 중대, 55탱크수송중대 등이다. 인천기지사령부는 본부 중대, 민정팀, 20범죄수사대(CID) 등으로 구성되었다. 다시 1951년 1월 7일 인천 지역 내 미군기지와 애스컴 시티 인원 장교 15명과 사병 360명은 부산항으로 후퇴해 재편을 실시했다. 1951년 1월 다시 북한군에서 사용하다가 2월 10일부터 미군의 여러 사령부 지원과 병참 시설 등을 지원했다. 이 시점에 미 해병 1사단이 부평기지에 본부를 두고 55병참보급창과 181통신중대(보급창), 74군수대대, 44공병대대 등이 함께 주둔했다. 이어서 인천보충보급창(8057부대)과 6의료보급창과 121후송병원이 부평기지에 들어왔다.[05]

부평기지의 변동을 자세하게 살펴보면 1950년 8월 28일 미 8군사령부는 10군단의 지원을 받아 3병참사령부를 인천에 두고자 했으며 인천상륙작전 직후 9월 18일~26일 3병참사령부가 인천-부평기지 구역에서 본격적인 활동을 시작한다. 그 이후 3병참사령부는 미8군에 재배치되고 2병참기지사령부의 예하에 편입되었다. 부평기지는 1952년 한국통신지대(한국병참관구, Korean Communications Zone)에 들어가 1954년 1월까지 파괴된 기지의 재건에 나섰다. 정전체제에서 미8군은 1해병사단을 비롯해 주요 부대들을 철수시켜 재배치에 들어갔다.

1956년 부평기지의 재배치 작전

주한미군의 재배치 제안은 한국의 민간경제에 중요한 재산을 반환하는 것과 함께 다양한 기술 서비스 시설을 이전하고 통합할 필요성에 따라 도출되었다.[06] 하지만 부평지역의 미군기지는 축소된 게 아니라 반대로 늘어났다. 이러한 결정과 대규모 건설 프로그램이 부평기지 건설과 맞물려 확장되는 계기가 되었다.

1954년 2월 18일 서울에서 개최된 미8군사령부를 비롯한 병참 주요 간부들은 임무와 책임의 변경을 위해 한국통신지대 소속 8개 부대의 배치를 결정하고 최종적으로 한국통신지대의 단계적 폐지, 미8군의 인천항과 부평기지의 보충보급창 등을 확장하기로 했다. 1955년 3월 15일 미8군의 인천기지는 석유 오일 윤활유터미널 1, 2, 4 지원 및 인천기지 내 관련 활동에 대한 운영 책임을 갖게 되었다. 인천보충보급창(replacement depot)과 인천항 수송 등이 미8군에 이관되었다. 1955년 4월 15일 미군은 장교 3,760명, 부사관 49명, 하사관 461명, 사병 52,028명 총 56,298명으로 재편

▲ 사진 80 | 1956년 6월 4일 부평기지 전경(RG 319, CE, Box 33, SC-508214-W).

되고 해병대지원사령부가 부평기지 지역에서 이전한 뒤 55병참기지보급창이 입주해 있는 지역으로 이전하기 위해 1955년 4월부터 443병참기지창이 설립되었다. 181통신중대의 건설은 1955년 봄에 시작되었는데 6월과 7월에 181통신중대(보급창)가 현재의 위치로 이동했다.

1955년 5월 부평기지구역사령부가 설립되고 10월 11일 하위 구역사령부가 추가로 설립되었다. 1금융지출부, 55병참보급창, 70수송대대, 74군수대대, 121후송병원, 181통신중대(보급창), 185공병대대(1955년 12월), 304통신운영대대(파견대), 564공병대대, 630공병중대(1955년 12월), 8057인천보충보급창 등이 부평기지에 자리를 잡았다. 10월 15일 728군사경찰대대 D중대는 하위 구역사령부의 작전을 통제하고 K-14(평택 공군기지) 중대 근처에 주둔하고 있었다.

1954년 9월 초 2공병단(건설)은 보급창에 필요한 모든 건물과 시설에 대한 건설을 계획하는 임무를 맡게 되었다. 이날 통신, 화학 및 보급창에 임시 부지가 선정되었으나 실제 토지를 취득한 곳은 한 곳도 없었다. 10월 5일 육군 공병대 보급부서가 부평기지 건설을 담당하게 되었으나 3개월 동안 공병창 부동산 취득 문제로 난항을 겪고 있다가 11월 한국 정부에서 최종적으로 결정하자 476,760달러 예산으로 본격적인 건설에 나섰다.

1955년 1월부터 미 해병1사단의 철수 이후 2월 보급과 통신보급창 건설에 들어갔다. 2월 15일 인천주둔지와 대전에 대한 부동산은 한국통신지대에서 미8군으로 이관되었는데 주요한 부지에 민간 거주지 13곳, 공장 1곳, 은행 1곳, 학교 7곳, 경작불능 토지를 포함해 총 420,874㎡였다. 3월 21일 130의료파견대, 6월 30일 부평기지에 106의료파견대(수의사지원단), 121후송병원, 129의료파견대(작전), 160의료파견대 등이 재배치되었다. 공병대는 인천기지에 장교 2명, 사병 12명으로 전체 14명의 해병대 항공부대원들이었다. 인천군사주둔지에는 46수송중대(의료수송), 8224군사경찰대대, 624수송중대, 1기지 우편국, 8132인천항사령부, 50공병중대(항만), 89공병파견대, 90공병파견대, 30공병파견대, 5병참파견대, 532병참중대, 130의료파견대, 240공병파견대, 50야포병대, 52야포파견대, 인천민간지원파견대 등이 부평지역 부평동 일대에 들어섰다.

4월 1일 부평기지 사령부는 통신보급창 부속건물, 5월 15일 해병대 구역에서 부대의 철수에 따라 6월 15일 인천보충보급창 구역에 121후송병원 등을 이동시켜 1차적으로 기지 재배치를 마무리했다. 5월 한국통신지대의 부평기지와 인천통신시설이 미8군으로 이관되었다. 이 기지 및 부대 재배치는 약 2,500만 달러의 비용과 24개 대대가 참여해 진행되었다. 7월 1일 보급창을 제외한 나머지 시설이 완료되었다.

이로써 부평기지는 121후송병원, 160의료파견대, 8057인천

보충보급창, 28수송중대(의료수송), 70수송대대(열차), 504수송중대, 8178육군항공 수송정비, 37공병파견대, 44건설공병대대, 54공병중대, 91공병파견대, 146공병파견대(가스), 524공병파견대, 565공병보급창대대, 728군사경찰대대 D중대, 19·34군수중대, 74군수대대, 77재고관리대, 97군수파견대, 330군수중대, 367군수파견대 화재통제, 512군수중대(햄), 516군수중대(공항지원), 578군수첩보기술 화재통제파견대, 52통신파견대, 181통신중대(보급), 304통신운영대대, 55병참보급창, 13병참대대 외 23개 부대를 포함하고 있었다.

12월 2일 개정된 예비 기본계획 후방기지 설비목록에서 부평기지는 대규모 설비 중에서 기지 중앙이 1,104,433m^2이며, 중소설비 서쪽구역 158.4m^2, 북쪽 140m^2, 동쪽 199.7m^2, 화학보급창 303m^2, 2공병단 32.3m^2이었다. 그 외 64야선포병대 2수용동(면적 10.5m^2), 570공병급수지원중대, 70수송대대, 510통신정찰대 등이 전유하고 있었다. 인천항사령부는 월미도(기지 면적 142.6m^2), 시애틀 조수독(208.73m^2), 에든버러(Edinburgh)기지(16.63m^2), 페이지(Page)기지(20m^2), 50야전포대대대(28.45m^2), 44포병대(304m^2), 101야전포병단(12.5m^2), 532군수중대, 35군수중대 냉장공장, 55군수중대, 영종면 등을 관할하고 있었다.[07]

부평기지의 재배치 이후 7개 구역(헤이즈·그란트·타일러·아담스·해리스·테일러·마켓 기지)으로 나뉘었다가 1971년 닉슨 독

트린 발표와 베트남전쟁의 확산으로 점차 기지가 축소되었다. 2019년 12월 11일 마켓 기지 전 구역이 한국 정부에 반환 확정되어 2020년 일반인에게 개방될 것으로 보인다. 부평 지역은 구 일본군의 부평연습장부터 시작해 마켓 기지를 포함한 외국군대의 주둔 역사만 약 96년이다. 이곳은 대륙 침략의 병참기지이자 아시아-태평양전쟁기 인천지역의 남녀 학생들을 동원해 무기를 생산했던 아픈 장소이며 한국전쟁과 '기지촌'이라는 근현대의 중요한 장소이다. 수많은 노동자와 여자근로정신대라는 미명아래 학생들이 동원되어 밤낮으로 강제 노동에 시달려야 했다. 이제 부평기지는 군사·경제·사회·여성 문제까지 다루는 제대로 된 역사박물관이나 아카이브 센터를 만들어 새로운 기억의 장소가 되어야 하지 않을까.

▲ 사진 81 | 1950년 9월 18일 인천항 모습(RG 80, Box 2004, G-035).

2. 강화도와 인천항 기지 변화

　　인천항은 한국전쟁 직전 1948년 6월 14일 〈사진 82〉와 비교해도 작은 항구가 아님을 알 수 있다. 〈사진 81〉에 수륙양용주정(LST) 789가 정박하고 있는 인천항은 9월 15일에 폭격을 맞아 불탄 모습을 찾을 수 없다. 〈사진 83〉은 1950년 9월 15일 불타고 있는 인천항에서 연기가 피어오르고 있다. 세 장의 인천항 사진은 시기마다 각각 다른 풍경을 볼 수 있다. 전쟁이 남긴 상처는 지금과 너무나 다르다. 인천상륙작전 이후 인천항은 어떻게 달라졌는지 살펴보자.

　　1951년 3월부터 인천항 재건 작전이 전개되었다. 1952년 7월 12일 제21항만수송중계사령부 및 인천군사우편, 67정비 및 보급단(USAF, 1951. 8. 29) 등이 인천항에 자리를 잡았다. 21항만사령부는 6병참단을 비롯한 5개 병참부대, 453건설공병대대 외 4개 공병대, 57헌병중대와 국립경찰연대 A중대, 수송 및 의료부대까지 두고 있었다. 이후 1953년 8월 인천보급창 지소는 창고, 재고통제, 회계부서로 구성되었고 장교 4명, 사병 85명, 미국 민간인 7명, 한국 민간인 500명 등 전체 596명이었다. 한국 민간인은 대부분 노무자들이었다. 경비는 사병 8명, 한국 민간인 34명으로 구성되었다. 4개의 경비 초소(주로 한국인)가 있었고, 1대 순찰차에 미군과 한국 민간인 각각 1명이 탑승하여 인천 보급지소 주변을 순찰했다. 매점은 5개 정도가 있었는데 맥주와 잡화 등을 취급했다.

1951년 4월 15일부터 1953년 4월 30일까지 인천항을 통해서 한국으로 들어온 미군 부대는 장교 17,156명과 사병 308,651명이었다. 21항만수송단(8057부대)은 빵 44,056톤을 생산해서 약 30,196톤을 소비했다. 이 빵은 전국에 흩어진 전쟁포로수용소의

▲ 사진 82 | 일제 유조선이 인천항 부두 정박을 준비하는 모습이다(RG 111, SC-302209).

포로들에게 배급되었다. 이게 지금 캠프마켓 빵공장의 전신이다. 1953년 4월 1일 인천보충대(8057부대) 산하 인천보급창지소 사령관 대령 존슨 부임 이후 애스컴 시티 내 빵공장에 보충된 부대는 34, 52, 55, 369, 509보충중대 장교와 사병 총 283명이었다. 본부에는 장교 9명과 사병 339명이다. 따라서 앞의 보충중대와 본부 인원을 합하면 전체 631명이다.

1955년 7월 1일 인천항만 파견대 본부(8132부대)는 일반명령 9호에 따라 조직개편을 단행했다. 이 조직은 1970년까지 지속되다가 각종 부대의 이전 또는 축소에 따라 점차 줄어들었다. 1957년 9월 10일 인천항만사령부(8132부대, 사령관 해밀턴 대령)는 수송부(월미도), 532병참중대 수송부 등을 지정하고 1부두, 2군사경찰파견대, 병참파이프라인중대, 5병참중대, 130의료파견대, 532병참중대, 39공병중대, 50항만건설공병중대, 50고사포대공대대, 을지병단 항만공병대 등을 관리하고 있었다. 1959년 9월 4일 부평기지사령부에서 인천항만경비대는 행정&보급, 첩보, 조사, 작전과를 두고 작전과 아래에 경비, 트럭, 철도, 항만대 등으로 재편했다.[08] 인천항 일대는 미군기지 재편에 따라 한국 민간 노동자 고용 확대와 경비 강화라는 분위기가 이어졌다.

미군기지에 고용된 한국인 노동자는 인천 외에도 경기도 파주·
동두천·의정부 등지에 집중되어 있었다. 이들은 자체적으로 노동
조합을 결성해 임금인상과 처우에 대응했다. 인천지역은 인천항
만사령부와 부평기지에 다수 몰려 있었다. 인천항만사령부에 고
용된 한국인 노동자들은 1954년 10월에 5,000명까지 늘어났다.
노동자들은 저임금에 시달려 임금인상투쟁을 벌였으나 하청업체
회사와 인천항만경비대의 방해로 6명의 노동자가 해고되고 말았
다. 1958년 8월 16일 인천항만자유노조 위원장 이창우는 주한미
대사관과 미8군사령관, 인천항만사령관에게 6명 노동자들의 구
제 진정서를 제출했다. 진정서 내용을 보면 8월 14일 오전 8시 인
천유류작업장 내에서 노동조합 간부가 작업배치를 앞두고 같은
조합원 오택수와 사소한 문제로 작업 조장들에게 고성으로 욕설
을 했다. 이에 이영근, 이산호, 김준식 등 4명이 조장들과 서로 언
쟁을 벌였다. 노조 간부인 최광태는 오택수에게 책임을 물어 작업
장 밖으로 퇴장시켰다. 15일 오전 9시경 작업장 책임자 미군 나이
팅겔 소령은 전날 작업장 내에서 서로 언쟁을 벌인 노동조합원 최
광태·이산호·이영식·최홍성·김준식·오택수 6명을 미군경비책
임자에게 지시해 사령관실로 호출케 했다. 이어서 작업청부 회사
사장 심익표, 이명로, 이영균을 입회 시키고 사령관이 경비책임자
에게 6명의 출입증을 정식으로 압수하고 즉석에서 4일 정직처분

▲ 사진 83 | 불타고 있는 인천항에서 연기가 피어오르고 있다(127-GR-22-153-A2689_001-ac ; 127-GR-22-153-A2716_001-ac).

을 내렸다. 6명의 노동자들은 미군 자동차에 강제 승차 되어 작업장 밖으로 쫓겨났다. 노조 간부들은 "노동조합 현장 간부들을 억압하려는 것이며 미군의 왜곡된 보고"라며 "미군이 사실을 정확히 조사하지 않고 언어 소통 문제로 불쌍한 노동자들에게 부당하게 정직처분을 한 것"이라고 강력하게 항의했다. 이처럼 노조 측은 인천의 미군 사령관에게 복직 요청했으나 소용이 없었다. 이어서 400여 명의 노동자들은 대한노총자유연맹 인천항만자유노조 유류특수분회(위원장 정운영, 인천시 신현동) 소속으로 미군 유류보급창에서 일하고 있다. 작업장 하청업체 주식회사 평화공사 사장 심의균의 편견적인 처사가 6명의 해고와 관련되어 있다고 다시 진정서를 제출했다.

여러 차례 진정에도 미8군사령부와 인천항만사령부는 "6명 노동자의 해고 조치가 적절하고 그 문제는 종결된 것으로 간주된다는 것을 명시한다."고 결론을 내렸다. 계약담당자는 "용역의 수행과 관련해 해고는 정부의 이익에 반하는 것으로 간주되는 경우, 부주의하거나 반항적이거나 또는 그 밖에 반대한다고 간주할 때 해임하도록 요구할 수 있다."는 조항을 내세웠다.[09]

1968년 2월부터 인천항만사령부는 월미도에 40년 이상의 소나무·밤나무·벚꽃나무 등 124그루를 무단으로 벌채할 뿐만 아니라 약 3,000평의 산마저 깎아내어 오락장을 설치하려고 했다. 1972년 4월 21일 인천항만사령부는 교통부에 인천항 제1도크를 징발해제하고 이양했다.

강화도와 을지병단

정전협정 직후 강화도를 비롯한 교동도 일대는 미 해병대와 월남한 연백 등지 출신자들로 구성된 유격대에 의해 방어되고 있었다. 이 유격대는 여러 가지 이름과 부대명을 갖고 있었다. 이 조직은 유엔군사령부에 정식으로 승인된 부대가 아닌 특별부대 혹은 소규모 전술 부대였다. 애초 미8군사령부 작전 부서의 유격대(8086부대)사령부는 백령도 레오파드와 부산 베이커, 커클랜드(주문진) 등 하부 부대를 두었다. 기동부대 레오파드는 연백 소년

▲ 사진 84 | 을지병단 혹은 8240부대라고 불린 게릴라 부대는 미8군 소속의 유엔유격보병대였다
(Office of the Command Historia).

출신자들을 중심으로 페리(PERRY, 강화도) 기동부대를 조직했다. 이 부대는 미8군 잡업부 소모과(1951. 1. 1~15)에 소속되었고 8066부대(1951. 5~12. 9)와 8240부대(1951. 12. 10~1954. 3. 7)로 재편되었다.[10] 8240부대는 1952년 11월 유엔유격부대에 편입되었고 1953년 8월 모든 작전에서 해제되자 9월 유엔유격보병대로 재편되었다. 이어서 1954년 1월 30일 2유격보병여단(일명 타이거여단)이 미 해병 1사단에서 강화도 방어 지원에 나섰다. 유사시 강화도에서 2유격여단이 철수하면 해군에서 관할했다. 만약 전투가 재개될 때 그 부대에 미군 장교를 배치했다. 미군의 특수부대에서 활동한 대위 킹스턴 윈제트(Kingston M. Winget, 1951년 3월 속초와 주문진에서 유격대 조직 참여)와 중위 모리스 프라이스(Maurice

H. Price, 교동도 담당 장교), 대위 레오(Leon M. Demers, OSS 출신, 1952년 강화도 담당 장교), 병장 조지 요시치(George E. Yosich, 재미일본인, 1953~1955년 강화도 근무)[11] 등이 8240부대 고문이며 훈련과 작전 등을 통제하고 있었다.

1954년 6월 13일 미 해병1사단에서 작성한 9-54작전계획에 임진강과 강화도 일대 방어 계획이 담겨 있다.[12] 보고서에서 5월 24일 강화도는 군사력으로 방어할 수 있는 유일한 섬이며 한국해병 소총중대, 1해병사단 정찰중대, 그리고 지휘본부가 주둔하고 있었다. 이 부대는 교동도와 석모도까지 매주 최소 3회 순찰을 실시했다. 순찰을 주기적으로 실시함에 있어 사단 정찰중대는 전술적 임무와 정찰 및 수륙양용정찰훈련을 실시하기 위해 교동도와 석모도에 2~3일간 머물렀다. 강화도 사령관은 모든 섬에서 2유격연대와 연락을 유지하며 통신 및 보고체계를 구축하겠다고 미군에 제안했다. 이 부대는 다른 대형 섬 외에 순찰 업무에서 제외되었고 나머지 지역에서 2유격연대에 임무를 맡겼다. 따라서 월남 출신 유격대원들이 다른 섬 지역에서 막강한 권력을 행사할 수 있었던 근거가 되었다. 미1군단 본부는 지역 유격대에서 교동도나 석모도 외의 지역에 파견하기 전 사전에 통보하도록 지침을 마련했다.[13] 10월 11일 강화도 전초기지는 사단명령에 의해 철수되었다. 결국 2유격연대는 미 해병대 철수에 따라 해체되었다. 그 자리에 한국군 해병대가 주둔해 경비 및 순찰업무를 담당했다.

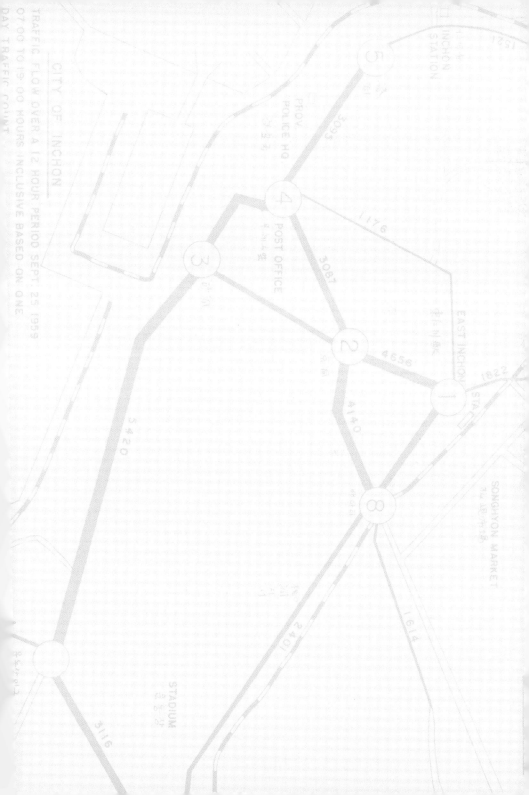

▲ 사진 85 | 월미도(RG 342, FH, Box 3001, NASM 4A 25797-1).

3. 월미도 미군기지 뒷이야기

월미도는 두 차례에 걸쳐 미군과 북한인민군 기지였다. 1948년 미군 철수 직전까지 월미도에는 인천기지 관할 월미도 기지 선박 정비소(약 48평 규모, 건물명 A-7)가 운영되고 있었다. 사진에 나오는 인천방향 상단에 미군 시설이 있었다. 북한인민군에 점령된 월미도는 기존 미군기지와 섬 여러 곳에 방어진지(지하 참호)들을 건설해 방어하고 있었다. 1950년 7월부터 북한군 23보병연대는 인천 시내를 비롯한 월미도, 팔미도 일대를 방어하고 있었는데 월미도(달마귀산)와 소월미도(소달마귀산)에 포대와 기관총 등을 배치하고 있었다. 이때 미군 기지와 주요한 지역에 지하 참호 진지를 구축했다. 9월 15일 미군에서 촬영한 월미도 상륙작전에 나오는 장면에서 미군들은 지하 참호에 화염방사기를 사용하고 있다. 1951년 1월 21일부터 월미도에서 북한군 소속 1중대 1소대 리호갑 외 8명은 처음으로 포진지 구축 작업에 나섰고 1월 25일부터 미 군함에서 함포 사격을 받았다고 일기에 기록했다.[14]

2월 1일 리호갑은 제2포진지를 완전히 구축했다고 했다. 북한군은 기존 미군들의 기지들을 활용한 것으로 보인다. 이처럼 월미도는 미군에게 요충지 혹은 요새보다 선박 수리하는 장소로 이용했고, 북한군에선 미군을 방어하기 위한 요새로 썼다.

미 해병대 & 21항만사령부, 월미도 쟁탈전

두 번의 쟁탈전 속에서 월미도는 인천항으로 들어가는 입구이자 군사 요충지로서 중요성이 높아지고 있었다. 1951년 2월 이후 미 해병1사단은 인천을 거쳐 철원(1951. 2)에서 파주(1951. 3)를 거쳐 부평기지(1952. 12)까지 여러 차례 본부를 이동시켰다. 1956년 인천항에서 철수하기 전까지 미 해병 1수륙트랙터대대(트랙터대대로 줄임)가 월미도에 자리를 잡았다. 1트랙터대대는 1953년 4월 26일부터 월미도 전역을 점유하고 주둔지로 삼았고 6월 1일부터 1해병사단으로부터 월미도 영구점거 허가를 받았다.

그러나 6월 1일 미8군사령부는 해병1사단이 1군단 지역에서 주둔하는 동안 훈련 목적으로 월미도–부평기지에 1트랙터대대의 1개 중대만 상주하는 것이 바람직하다고 결론을 내렸다. 그 주둔지는 부천 송내리가 지정되었다. 미8군사령부는 "부대 상륙 연습에 필요한 트랙터(일명 악어전차)가 소비하는 가솔린의 절약, 송내리와 현장 사이 이동 문제 해결, 유지보수 장비의 절약, 현재 보관

중인 트랙터가 부평기지에서 정비되어야 부품 문제를 해결할 수 있는 상황, 운영 및 유지관리 분야 모두에서 악어전차 교육을 위해서도 월미도 사이에 중대를 순환시킬 수 있어야 한다."고 그 이유를 설명했다.

6월 15일 미8군 제임스 브라운(James T. Brown, 부동산 장교), 21항만사령부와 중령 헤리 밀러(Henry L. miller, 계획 정책 장교), 21항만수송사령부 중령 괴벨(Goebel, 공병감실 부동산과 본부 장교) 등이 트랙터대대의 주둔지 조정 회의를 열어 조정에 들어갔다. 이때 1트랙터대대는 월미도에 영구적으로 점령할 수 있도록 결정하고 21항만사령부에서 그 예하 부대에 주둔지를 분할하기로 합의했다. 이 협정은 미 해병1사단에 통보되었다. 1트랙터대대는 합의에 따라 21항만사령부에 월미도를 비워달라고 요청했다. 이 요청은 1953년 7월 21일 21항만사령부에 전달되었고 1대대에 의한 월미도의 지속적이고 영구적인 점령과 관련해 지난 6월 1일 미8군의 결정을 뒤집었다.

월미도 주민, 섬에서 쫓겨나다

월미도 주인은 미군 부대가 아니라 한국의 주민들이었다. 해병대와 항만사령부의 주둔지 논쟁에서 주민들의 의견이나 이해는 전혀 고려 대상이 아니었다. 해병대와 항만사령부는 섬에 수륙양

▲ 사진 86 | 1950년 9월 10일부터 15일까지 미군의 폭격으로 큰 피해를 입은 월미도. 정전협정 이후
　주민들은 미군에 의해 쫓겨나고 말았다(RG 80, NH 42351).

용 장갑차 부대와 군사경찰중대, 장교클럽을 그대로 유지하고 있
었다. 애초 1트랙터대대는 1953년 4월 25일부터 6월 26일까지 주
둔하고 부천 송내리에 기지를 이전해야 했다. 해병대의 1트랙터대
대는 상부 명령에도 불구하고 월미도에 주둔하고자 했다.

　이어서 수륙양용 장갑차 부대는 6월 15일 구두 명령에 따라 월

미도의 일부를 점령했다. 21항만사령부는 상부명령에도 불구하고 군사경찰 건물과 장교클럽을 철수하지도 않았다. 10월 22일 미8군사령부 작전(G-3)과 병참(G-4) 공병대 장교, 미 1군단 및 해병 1사단의 장교들은 21항만사령관을 만나 해병대의 지속적인 주둔에 부정적인 영향을 미친다고 설득했으나 타협이 이뤄지지 않았다. 1트랙터대대는 인천의 백령도·연평도·강화도 섬들과 해안선에 대한 정찰에도 주둔이 필요함을 역설했다. 특히 이 대대는 조수의 차이, 급류나 난류가 없다는 점, 대규모 부대로서의 수륙양용 장갑차의 운영에 필요한 넓은 수역, 해상 상륙 훈련과 관련된 선적의 접근성, 공급 및 유지보수의 가용성 등을 내세워 계속 주둔을 주장했다.

미8군은 해병대의 고집스러운 태도에 승복하고 "21항만사령부 소속 월미도의 군사경찰부대를 옮기는 것이 가장 좋을 것"이라고 결론을 내렸다.[15]

그 여파에 월미도 주민들은 대대로 살아온 섬에서 소개(疏開)되고 말았다. 11월 25일 미8군사령부의 보고서에서 10월 23일 미8군과 극동공군, 주한미군사합동자문단, 주한유엔유격군 등이 참석한 회의에서 한국 정부와 주한유격보병대의 부동산 문제를 검토했다. 자문단은 70가구의 민가를 소개하고, 앞의 70가구 소개 이후 11가구가 추가로 소개되었다. 그 뒤 60일 안에 9가구를 소개하는 것으로 결론을 내렸다. 미8군은 군사자문단에 소개된 지역의 부동산을 소유하기로 했다. 이 결정에 다시 군사자문단은 앞의 결정 사항을 폐기하고 1차 63가구의 소개를 요청하고 같은 날짜에 35가구를 추가 소개하며, 60일 안에 9가구를 추가로 소개한 뒤 주한유엔유격군에 19가구의 민가 주거지를 점유할 수 있도록 허가했다.[16] 이렇게 주민들은 월미도에서 떠나게 되었고 다시 고향으로 돌아가지 못하고 있다.

월미도, 중감위 철수 시위와 관광개발

전쟁당사자들은 정전협정에서 중립국감시위원회 중립국시찰반을 북한 5개(신의주·청진·흥남·만포·신안주) 곳, 남한 5개(인천·대구·부산·강릉·군산) 곳에 각각 설치하기로 합의했다. 그러나 이승만 정권은 북진통일과 반공주의 확산에 걸림돌인 중립감시위원회 해체와 활동까지 반대하고 나섰다. 특히 이승만은 폴란드와 체코슬로바키아 중립국감시위원들을 적극적으로 반대하고 '간첩활동' 한다고 폄하했다. 이승만 정권은 미국과의 심각한 긴장상태와 물리적 충돌까지 무릅쓰고 관제데모 조직화에 나섰다. 5개 지역 중 격렬한 시위가 일어난 곳은 월미도 다리였다. 1954년 7월 31일 이승만 정권은 인천시민들을 동원하여 중립국감시위원단의 한국철수 관제데모를 조직해 월미도 다리를 건너 중립국위원단 숙소에 들어가고자 했다. 이날 한·미 헌병들은 약 30분 동안 시민

▲ 사진 87 | 월미도와 인천항(RG 554, A1 48, Box 5, Operation, Plans of Major Command).

들의 시위를 막아내기도 했다.[17] 이 시위는 1955년 8월 13일까지 정부에서 중립국감시위원단의 철수를 명령하자 더욱 거세게 일어났다. 미군은 "유엔의 명예에 따라 중립국감독위원회를 보호한다고 맹세했다."며 중립국감독위원회 유지의 필요성을 담은 두 종류의 전단지를 시위현장에 뿌리기도 했다.[18] 전단지에서 미군은 한국시민들에게 '공동의 적'과 싸워야 한다는 북한의 공격과 반공주의 내용을 담아냈다. 그러나 이승만 정권은 미군의 군사원조와 방위동맹 등을 강화하려는 정치적 의도를 가지고 있었다. 이 시위는 미국의 중감위 철수 정책과 한국군 지원 등으로 마무리되었다.

1956년 6월 중립국감시위원단이 철수하자 월미도 다리에서 인천 지역 시위가 사라졌다.

또 하나는 월미도 주민들의 귀향과 직결된 사건이 있었다. 1957년 6월부터 월미도가 민간에 매각된다는 소식과 미군기지에서 해제된다는 소문이 흘러나왔다. 이때 9월에 정부주도 아래 맥아더 동상 제막식이 이뤄지면서 월미도 기지 해제는 급물살을 타게 되었다. 1959년 5월 미군은 월미도를 반환하겠다고 했지만 약속을 지키지 않았다. 5.16쿠데타 이후 1962년 2월 1일과 2월 16일 두 차례에 걸쳐 류승원 인천시장은 미8군에 월미도 휴양지 개발을 위해 군사기지 해제를 요청했다. 목적은 월미도에 관광단지 개발과 해수욕장 개장 등이다. 5월 박정희 최고회의의장이 인천을 방문해 월미도 간척 사업을 추진하겠다고 밝혔다.[19] 1963년 1월 22일 미8군은 인천시에 월미도(소월미도 포함) 19,540평 중 약 3분의 2를 조건부로 징발한다고 통보했다. 미8군은 육군이 점령하고 있는 시설물 외곽선 주위에 새로이 도로를 개설해 사용할 것, 높이 8피트의 철조망 또는 콘크리트 블록으로 담장을 쳐 줄 것, 담장 상단 외곽에 5피트의 철조망가설, 보안등을 설치하도록 요구했다.[20] 1971년 3월 11일 월미도는 전체 20만 평 중 4만 평을 제외하고 미군용지에서 완전히 해제되었다. 이로써 월미도는 지금과 비슷한 관광단지와 광장, 기념탑, 케이블카 등 각종 시설로 채워지고 말았다. 1988년 11월 3일 기존에 남아 있던 월미도의 군사보호구역이 해제되었다. 하지만 월미도 주민들은 미군기지 건설에 쫓겨나고 귀향하지 못한 채 관광단지화 되는 과정을 지켜봐야 했다. 다시 주민들은 그곳으로 돌아갈 수 있을 것인가.

5장

원조와
기지의 역사

▲ 사진 88 | 1956년 9월 30일 인천항의 조수 독에 물이 빠진 모습과 5동의 창고가 건설된 모습이다
(RG 286-C).

1. 인천의 재건 :
대한원조의 '신화'

전쟁 이전부터 미국의 한국 경제원조는 주한경제협조처에서 1949년 1월 1일부터 1951년 4월 해체될 때까지 이어졌다. 전쟁 중 피난민과 전재민들을 위한 미국 원조는 주한유엔민간원조사령부나 유엔한국재건단(UNKRA)에서 구호, 재건 원조를 지원했다. 정전협정 발효 이후 1953년 8월부터 한국 경제재건계획과 원조 운영 등을 통합해 새로운 원조 프로그램이 마련되었다. 이때 원조집행기관인 경제조정관실이 대한원조 프로그램과 한국개발지원 프로그램 등을 통합해 운영하기 시작했다. 이 프로그램에 구호, 재건, 군사지원, 지역개발 등을 묶고 지역 공동체 교육 및 훈련이 포함되었다. 1956년 9월 30일 인천항에 건설된 조수 독과 신규 창고 건축은 재건과 지역개발 계획에서 시작된 원조사업이었다. 인천에서 1953년 8월 이후 인천항만을 비롯해 교육기관, 부평기지 등 여러 곳에서 이뤄진 재건 프로그램이 어떻게 펼쳐졌는지 주제별로 살펴보자.

인천지역의 민간원조 프로그램

인천 원조 계획을 보면 1955년 3월 15일 미8군 대한원조 프로그램에서 인천지역에 1954년도 원조사업 중 60곳 양도 완료했으며, 그 과정에서 취소된 사업도 1954·1955년에 각각 2곳이었다. 1955년 3월 15일 완료된 사업이 19개소(1954년 17개소, 1955년 2개소)이며 사업 진행 중 45개소(1954년 20개소, 1955년 25개소), 발주 전인 사업만 1955년 11개소 등이다. 전체 인천시 원조사업은 총 135개소에 이르며, 1955년 3월 15일 158,693달러, 1955년 6월 30일 기간 중에 원조사업비 88,436달러이며 진행 중인 사업비 201,613달러로 총 448,742달러였다. 실제 인천지역에 원조사업이 실시된 1954년부터 주요 원조사업 내용을 살펴보면 교육과 고아원 건축이 대부분이었다. 1954년 11월 3일 영종도의 바로미 고아원은 전쟁고아 및 부랑아들을 수용하는 곳인데 3월 31일 미8군에 건축 신청해 5월 17일 승인받아 10월 31일 준공되었으며 전체 사업비 2,538달러 54센트였다. 11월 24일 만수동과 화수동 지역의 도로 개설은 4월 8일 신청해 5월 9일 승인을 받아 5월 9일에 공사를 완료했는데 전체 사업비 1,647달러였다. 그 외 기독교회(목사 이기혁, 사업 신청 1954. 4. 5, 승인 6. 2, 준공 10. 20, 사업비 3,465달러

60센트)와 화수동 감리교회(1954. 10. 10 건축, 사업비 3,022달러 14센트) 등이다.[01]

주요 관공서 중에서 인천시청 건축은 1954년 3월 24일 미8군에 2개동 신축을 요청해 5월 9일 승인받아 11월 9일 완료되었는데 총 사업비 1,298달러 5센트이며 21항만사령부 본부 중대에서 관할했다. 인천기상대는 11월 17일에 사업을 신청해 11월 18일 사업을 종료했는데 사업비 62달러 50센트에 지나지 않았다. 금곡-왕길동 도로 550야드(약 502m) 공사는 4월 8일 신청해 624수송중대에서 5월 11일 완료했으며 사업비 1,326달러 80센트로 마무리되었다.

▲ 사진 89 | 미군의 원조사업에 참여한 한국인 노동자들이다(ICRC, V-P-KPKR-N-00017-18A).

병원시설에서 인천보건소는 과거 일본식 가옥인데 1954년 2월 20일 보수공사 신청해 12월 15일 1,944달러 24센트를 들여 완공되었다. 인천도립병원(지금의 인천의료원)은 1948년 6월부터 사용한 명칭이며 공립의원(1897), 인천부립병원(1914), 경기도립인천의원(1932, 1936. 5. 1, 신흥동 이전)으로 변경되었다. 1956년 8월 7일 한국민사원조처는 도립병원에 사회부 직원들과 함께 현장 방문했다. 병원은 2층 서양식 건물로 병원장 김영진, 간호부장 이정실이며 병상 155개, 매일 95명의 환자와 외래환자 151명이며 구호환자가 72%이며 구제환자가 65%에 이르렀다. 실험실에 입원실 1개, 의사 1명, 기술자 2명으로 월평균 실험만 337회가 이뤄졌다. 엑스레이 기계는 1946년산(미국산) 1대뿐이지만 하루 250회 정도 촬영했다. 병원직원은 의사 9명 김성수(서울대)·함전(세브란스병원)·김윤태(서울대)·한성현(세브란스병원)·박명숙(이화여대) 등이며, 간호사 5명, 보조간호사 4명, 간호학생 61명(1년생 21명, 2년생 20명, 3년생 20명)이었다. 인천적십자병원은 전체 병상 150개이며 입원 환자 50명이며 직원 전체 20명 중 의사 3명과 간호사 3명뿐이었다.

인천지역 교육 시설 건축은 전체 민간부문 원조 건수 중 제일 높았다. 학교 신축과 교실 증설이 대부분인데 1954년부터 1955년 사이 총 24개 초·중·고등학교 인문과 기술, 농업학교를 포함하고 있다. 대표적인 인천 및 제물포고와 인천기술고, 송도고, 인천교육청(5,765달러), 만수국민학교(4,645달러, 건축 71% 진행), 구월국민학교(2,375달러, 건축 40% 진행), 학익국민학교(4,745달러, 55% 진행), 신흥국민학교(6,188달러, 70% 진행), 논현국민학교(7,464달러), 용현국민학교(5,999달러), 부개동학교(8,960달러), 동인천중학교(12,385달러), 송월국민학교(11,174달러) 등이다. 1954~1955년 대한원조 프로그램에서 인천지역 학교 건축 현황은 다음 〈표 4〉와 같다.[02]

〈표 4〉 1954~1955년 인천지역 대한원조 프로그램 지원 현황

학교명	신청	승인	완료	공사비(달러)	기타
월미여자중학교	1954.9.30	12.23	1955.10.20	13,828	학생 1,100명 3층 신축
제물포고등학교					2층 신축 학생 1,000명
인천기술고등학교	54.7.7	12.23	55.10.15	10,310.67	신축 학생 1,500명
송림국민학교	54.2.24	2.24	55.11.9	3,916.74	8개 교실 신축
인천고등학교	54.4.7	6.21	12. 20	13,195.81	1층 신축 학생 1500명 3수송중대 지원
인천신흥국민학교	54.5.11	7.8	12.20	6,129.70	학교 신축 21헌병파견대 지원
인천중학교	1954.2.16	4.9	55.1.19	39,920.58	2층 27개 교실 6의료보급창 지원
송도고등학교	54.5.10	7.19	55.1.7	11,653.93	2층 건물 신축 3수송중대 지원

같은 시기 1954~55년 원조사업 중에서 고아원, 배급소, 교회와 같은 신축이 줄을 이었다. 배급소는 3개소에 4,757달러이고 가

정동의 염전 개선사업에 1,622달러가 사용되었다. 고아원은 가성고아원(3,683달러), 동진고아원(787달러), 보라미고아원(2,538달러), 희육원(1,749달러), 대광고아원(3,136달러) 등이다. 그 외 사회기반시설인 인천운동장 건설 25,000달러와 김라병원 4,476달러, 진료소 5,900달러, 송현배수지 3,855달러 등이다. 특히 인천지역의 주요한 교회 건축이 많았다. 미군 종교부는 교회 건축에 교파와 상관없이 지원했다. 주요 교회는 기독교성결교회(2,553달러), 송현성결교회(6,440달러), 북송성결교회(3,107달러), 화수동성결교회(3,022달러), 인항성결교회(3,690달러), 장영성결교회(1,459달러), 창영감리교회(2,327달러), 도원동 성결교회(3,966달러), 만석감리교회(2,325달러), 삼일동교회(3,511달러), 송림성결교회(4,552달러), 부평교회(4,243달러), 제일감리교회(1,700달러), 침례교회&학교(4,768달러), 시온감리교히(4,929달러), 학익감리교회(3,605달러), 부평성결교회(3,196달러), 안식교회(2,712달러) 등이다. 특히 1955년 4월 28일 강화면 관청리 55번지 강화 수공예방에 자금이 지원되었다.[03]

미국의 대한원조 사업은 인천에서 행정기관 건물 신축, 도로 개선, 교육 및 고아원 등에 집중되었다. 이를 두고 '원조신화'라는 신조어가 탄생했다. 전후 미국의 경제원조는 현금보다 현물이며 잉여농산물 등 소비재였다. 하지만 미8군의 대한원조는 파괴된 주요 건물의 건축과 교회, 고아원 등 다양했다. 그러나 이 사업은

1954~55년에 집중되었다가 1960년부터 예산이 감소했다.

인천, 군사원조 확대

1954년 3월 1일 1362사진대에서 촬영한 사진 하단에 인천항만 군수기지와 상단으로 눈을 돌리면 인천항과 월미도가 보인다. 전쟁 동안 여러 차례 파괴된 인천항과 월미도는 그 흔적조차 보이지 않는다. 1951년 3월부터 인천항은 재건 계획에 따라 점차 원상회복되었고 늘어나는 물동량과 부대의 이동으로 붐비고 있었다. 군수기지는 반원형 막사보다 일제강점기부터 사용한 건물과 주변 민가를 끼고 있었다. 각각 야적장에 각종 물품들이 쌓여 있다. 기지의 접속도로와 해안도로는 모두 인천항과 연결되어 있음을 보여준다.

미8군사령부는 인천항만사령부의 육군 군사원조구역에 추가 부동산과 주요한 건물들을 신축하고자 했다. 이 사업은 미군기지 재배치의 일환에서 대한군사원조와 함께 자체적인 군사시설 확충이었다. 1955년 3월 17일 57군사경찰중대의 항동 1번지에 1개 동의 사무실(경비초소, 2,082m^2), 4월 15일 신흥동 2가 미8군 인천 사무소 약 278m^2의 사무 공간이며 1개 건물(2층 건물), 5개의 사무 공간(3개의 장교 근무실)이다. 5월 13일 인천항만사령부는 월미도를 군사기밀 지역으로 분류하고 긴급하게 사용해야 하는 재산이

▲ 사진 90 | 1954년 3월 1일 공중에서 본 인천의 군수보급기지 전경. 미군의 군사원조는 기존 기지의 확장과 시설 확충에서 시작되었다(RG 342, FH, Box 3001, NASM 4A 25733).

라고 규정했다. 21항만사령부 B구역은 6006항공첩보국 대대로 재할당되었다. 건물은 목조 철골구조이며 3개의 건물들은 모두 6006부대에 의해 건설되었다. 7월 12일 2공병건설단 소속 570공병중대(급수)는 인천에서 예산 7,256달러(20,400환)로 새로운 급수탱크 건설에 나섰다. 308방첩(CIC)파견대 인천야전사무소는

1955년 8월 8일 인천의 약 3,716m^2 미경작지를 공유지로 바꾸었다.[04] 1959년 2월 26일 인천항만 재건에서 전체 273,000달러까지 늘어났는데 1960년도에 187,000달러가 추가 편성되었다. 주로 인천항만의 부두와 방파제, 창고 등이 포함되었다.[05] 미군의 자체 군사프로그램 외에도 대한원조 프로그램에서 인천항만 사업은 1955년 3월 15일 172,862달러, 7월 15일 부평기지와 인천항만 부두 건설 등에 지원되었다.

인천 산업개발 프로그램 : 인천, 교통량조사

1959년 9월 25일 금요일 한국에서 처음으로 자동차 교통조사가 인천에서 실시되었다. 이 조사에 인천상업고등학교 166명의 학생, 경기도, 도 경찰국, 고등학교 교사, 버스 및 트럭, 택시조합 등이 동원되었다. 차량은 자전거, 택시, 군용 차량, 합승 차량, 트럭, 버스, 승용차, 우마차 및 3륜 차량으로 분류되었다. 오전 7시부터 저녁 7시까지이며 조사기간에 날씨가 맑고 따뜻했다. 차량 통행량이 많은 날이 금요일이며 월요일부터 목요일까지 다른 도시와 비슷했다. 주로 오전 8시부터 10시 사이가 인천에서 제일 많은 교통량을 보였고 12시에서 1시 사이가 비교적 한산했다.

1959년 9월 25일 총 50,593대 중 자전거 38%, 택시 12.3%, 군용차 12.2%, 합승 차량 11.2%, 트럭 10.6%, 버스 6.9%, 승용차

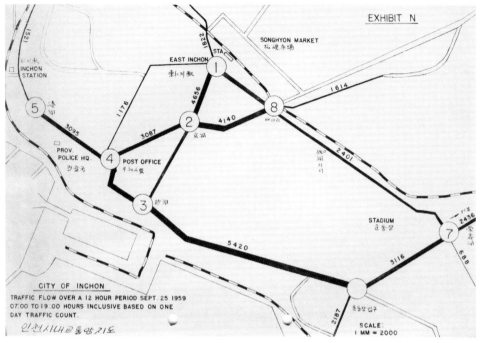

▲ 사진 91 | 1959년 9월 25일 인천시내 교통량 지도. 이 지도에서 1번 동인천역에서 2번 경동, 3번 사동, 4번 우체국 앞, 5번 항동 도로는 교통량이 제일 많은 곳이었다(RG 469, UD 478, Box 23).

6.8%, 우마차 1.7%, 삼륜차 0.3%였다. 시간대로 보면 군용차량 은 8~9시 10.9%, 승용차 오전 9~10시와 오후 2~3시, 택시 오후 5~6시 10.4%와 12~1시 사이 10%, 트럭 오전 9~10시와 4~5시 사이가 제일 많았다. 버스와 합승 차량은 대부분 시간대에서 골고 루 나타났고, 군용 차량은 미군과 한국군의 항구도시로서 한국에 서 부산 다음으로 두 번째로 많았다. 주로 군대 이송이나 물자 수

송에서 기인했다. 군용 차량은 인천 창고와 철도 선로에 자주 사용되었다. 육군항만파견대는 규모가 크고 많은 차량을 보유하고 있었다. 많은 도로와 골목길 그리고 작은 마을길까지 합승 차량이 운행하였다. 그러나 요금은 50환으로 매우 비쌌다. 주로 이용하는 고객은 상인들인데 주로 시장이나 부두 어시장으로 이동했다. 택시는 오후 5시부터 8시 사이에 붐비고 간혹 서울과 인천으로 이동하는 장거리가 있다. 버스는 오전 7시에서 8시에 붐볐다.

인천은 교통량이 많지는 않지만 부산보다는 두 배나 많다고 하겠다. 인천은 민간이나 군에서 트럭을 제일 많이 이용하는 곳이었다. 그만큼 물류의 이동과 수송이 많다는 증거가 될 것이다. 자전거의 사용량은 한국에서 광주시보다 많고, 다른 도시에 비해 승용차 대수가 적었다. 교통량의 변동은 오후 6시 이후에 급격히 떨어지는 작은 도시와 유사한 형태를 띠고 있었다. 버스 이용의 70%가 정액 요금이라는 사실은 사업자들이 생계를 유지할 수 있도록 했다. 인천은 한국의 다른 도시들과 비교했을 때 버스를 가장 효율적으로 이용하지 못하고 있었다. 2교통신호소(경동파출소)의 설치가 필요했다.[06]

한국재건단의 인천 산업 지원

유엔은 한국의 재건을 위해 국제연합한국재건단(UNKRA)이라는 임시기구를 설립했다. 재건단은 국내 기업 설립과 교육 분야에 적극적으로 지원했다. 인천과 직결되는 사업은 유리 제조 회사 설립과 직업훈련센터가 대표적이었다. 1959년 9월 30일 재건단은 한국에서 최초의 평면 유리를 생산하는 주식회사 한국유리공업에 3,629,000달러를 지원했다. 이 공장의 설립에 국비 6,250,7000환이 추가 투자되었다. 이 공장은 매년 1,200만 상자의 유리를 생산할 수 있었다.

1960년 12월 재건단은 유네스코와 협약을 맺고 인하공과대학에 직업훈련센터를 개설했다. 이 직업훈련센터가 중앙종합직업학교인데 영국의 콕킹(Cocking)이 직접 학생들에게 정비 교육 및 장비 설명까지 나섰다. 재건단은 부평기지사령부와 한국군 2군사령부 구역 내 1961년 6월 30일 인천기술고등학교(2개 교실), 인천일반학교(4개 교실), 인천농업고등 학교(2개 교실), 인전남고등학교(6개 학급, 4,000달러), 성광상업학교(4개 학급, 2,400달러), 인천고등학교(5개 학급, 2,800달러), 인천공업기술고등학교(1개 목공소, 1,800달러), 동인천중학교(3개 학급, 2,400달러), 인천일반학교 도서관(2개소, 1,600달러), 숭의국민학교(4개 학급, 1,930달러), 경기수산고등학교(5개 학급, 2,560달러), 가좌농업직업학교(2개 학급, 1,277달러) 등에 사업비를 지원했다.[07] 그 외 별도로 부평기지사령부는 1963년 4월 22일 인천 맹학교(용현동 623번지)에 1,564달러, 인천기술학교 라디오 및 시계 훈련 자금 1,108달러, 성립민간

▲ 사진 92 | 유엔에서 지원한 직업훈련센터에서 콕킹이 학생들에게 설명하고 있다(UN Photo #191847 : #191846).

▲ 사진 93 | 운크라에서 지원한 유리공장 건설 장면(UN Photo #188938).

학교 1,968달러, 명성국제민간학교 1,060달러, 은하수민간학교
1,919달러 등 직업훈련에 지원하기도 했다.[08]

인천 평화를 이야기하다

탈냉전과 탈분단의 역사 읽기

인천은 한국전쟁의 시작과 끝을 이해할 수 있는 중요한 도시이다. 전쟁 발발 첫날부터 북한지역에서 피난 온 사람들뿐만 아니라 주한미국인들의 대피, '융단 폭격'과 구호와 원조의 역사, 포로수용소와 미군기지 등 한국전쟁에서 파생된 중요한 역사가 인천 역사에서 빠질 수 없다.

한국전쟁 이후 70년 동안 인천뿐만 아니라 한국 사회는 냉전과 분단의 역사에서 평화의 관점으로 변화하려고 했다. 왜 변화를 거듭하려고 하는가. 20세기 극단과 폭력의 역사는 한국전쟁에서 압축적으로 재현되었다. 인천은 과거 상륙작전의 신화보다 피난민, 국가폭력에 희생된 주민들, 구호와 원조 과정에서 배제된 시민들, 재건 과정에서 소외된 사람들의 이야기를 얼마나 집중해 왔는지 자문할 때이다. 이번 미국 자료에서 한국전쟁기 인천, 인천 속에서 한국전쟁은 어떤 의미와 역사를 지니고 있는가. 양분된 한국 사회에서 인천을 어떻게 이해하고 읽어낼 것인가. 냉전과 분단의 역사에서 탈냉전과 분단으로 이행할 수는 없을까. 이러한 여러 물음에서 시작된 글은 새로운 평화의 서사가 될 것인가.

인천, 평화를 이야기하다

왜, 평화인가. 2년 전부터 남·북한의 평화, 종전과 평화협정이 최대 화두가 되었다. 전쟁과 분단의 극단에서 평화의 길은 가능할 것인가. 그 흐름에서 한국전쟁기 인천의 역사는 평화학의 기초에서 새로운 시각과 서사에 맞게 재해석될 수 있을 것인가. 냉전과 분단의 양극단에서 탈피한 역사교육과 아카이브 구축이 실현될 수 있을 것인가. 평화학이 어떤 개념이며 무엇을 의미하는 것인지 살펴보자.

일반적으로 평화학은 '평화갈등연구(peace and conflict studies)' 라고 지칭한다. "극단의 폭력과 그 폭력의 재생산을 규명하고 갈등의 요소를 해결하는 것"이 바로 평화학의 기본적인 정의가 아닐까. 요한 갈퉁은 평화주의자이자 평화학의 창시자로 알려진 연구자인데 평화연구에서 "평화학은 폭력과 평화에 관한 한 인간 생활의 모든 면을 다뤄야 한다."며 "폭력과 평화를 각각 직접적, 구조적, 문화적 세 차원으로 나누고, 각 차원에 시간, 문화, 세계, 사회,

자연, 사람 등 6개의 영역"을 설정하였다.[01] 세 차원과 6개의 영역은 인간 사회에서 다차원적인 구조를 이해해야 가능하다는 것을 제시하고 있다.

서보혁은 〈한국 평화연구의 현황과 과제〉라는 연구에서 통일 평화, 생태평화, 연대평화로 구분하고 한국의 평화연구를 범주화 시켰다.[02] 여기서 냉전과 분단이라는 주제에 맞는 통일평화 담론 은 한국전쟁에서 갈등의 증폭과 이념의 양분화 속에서 고착화된 분단을 해결하려는 평화학 연구이다. 통일평화는 남북한의 통일 문제만이 아니라 여러 갈래로 해결해야 하는 과제를 안고 있다. 한국전쟁 과정에서 내재된 좌우익의 갈등으로 빚어진 민간인 학 살, 미군 폭격에 의한 민간인 학살, 포로 관리 및 송환의 폭력과 학 살, 전후 반공주의에 입각한 정치, 사회적인 탄압까지 풀어야 하 는 숙제가 많다.

한국전쟁기 인천은 정치, 사회, 문화, 경제 분야에서 유엔군의 '강력한 힘'이라는 상징성을 체험했으며, '융단폭격'과 네이팜탄 의 극단적인 폭력성, 좌우 갈등에서 기인한 야만적인 민간인 학 살, 국가의 부재 속에서 '자유 피난민'의 삶, 폐허에서 구호와 원조 라는 또 다른 '신화'를 겪은 도시였다. 인천 사람들은 끝나지 않은 전쟁의 시간적 영역, 폭격과 학살이라는 직접적인 체험, 북한인민 군 점령기와 재탈환이라는 체제 변동의 혼란, 구호와 원조·재건 의 일방적인 지원, 이념의 충돌과 전후 반공주의 교육 속에서 분단의 트라우마를 겪어 왔다. 전쟁 체험자들은 평화보다 '안보'와 '반공'을 중시하는 논리에 익숙하지 않을까. 이제 전후 세대와 미래세대를 위한 역사교육은 평화학에 기초한 20세기의 야만적인 사건들을 제대로 인식할 수 있는 토론과 학습이어야 한다. 그 주제에는 안보나 이념보다 반전·평화인식제고, 국가폭력의 비판과 좌우의 민간인 학살을 비롯한 반인권인 사건의 비판적 시각 등이 있다. 그럼 평화교육의 강화는 어떻게 만들어갈 것인가.

인천 평화 아카이브

인천문화재단 인천문화유산센터에서 진행하고 있는 인천 역사자료 디지털 아카이브 사업은 기존 자료뿐만 아니라 새로운 시각과 자료들을 수집해 체계화하는 사업이다. 수목되는 점은 지리정보 시스템을 이용해 장기적인 자료수집 및 정리, 분류를 거쳐 검수와 메타데이터 구축 및 내용 검증 등 체계적이고 장기적인 사업이라는 것이다. 이 시스템은 1차적인 역사적 사실에 그치지 않고 평화교육의 초석을 세운다면 금상첨화일 것이다.

앞에서 제기한 평화교육의 원칙에 따라 국내외 자료와 구술, 사진 및 영상 등을 재구성한다면 새로운 역사 디지털 아카이브가 탄생하는 것이다. 이번에 미국 자료를 중심으로 재구성된 한국전쟁기의 인천 역사는 아주 작은 한 부분일 뿐이다. 아카이브 사업이 한두 해에 끝나지 않고 끊임없이 이어진다면 인천시와 모든 시민의 자산이 될 것이다.

책이 나오기까지 집필 의뢰와 도움을 주신 인천문화재단 관계자를 비롯한 여러분들에게 깊은 고마움을 전한다.

참고문헌

Ⅰ. 1차 자료

1. 문서 - 미간행

국내

사회부장관, 「避難民疏開及救護要綱送付에 關한 件」(국가기록원 BA0852069),
  1950년 12월 15일

육본 인참부, 『포로관계 참고철』, 1953-1954

미국 NARA

Record Group 111

127 Records of the U.S. Marine Corps, 1775 - 1999

RG 242 National Archives Collection of Foreign Records Seized, 1675 - 1958

RG 306

RG 319 Records of the Army Staff, 1903 - 2009

RG 338 Records of U.S. Army Operational, Tactical, and Support
  Organizations (World War II and Thereafter), 1917 - 1993

RG 341 Records of Headquarters U.S. Air Force (Air Staff), 1934 - 2004

RG 342 Records of U.S. Air Force Commands, Activities, and Organizations,
  1900 - 2003

RG 428 General Records of the Department of the Navy, 1941 - 2004

RG 469 Records of U.S. Foreign Assistance Agencies, 1942 - 1963

RG 550 Records of the U.S. Army, Pacific, 1945 - 1984

RG 554 Records of General Headquarters, Far East Command, Supreme
　　　Commander Allied Powers, and United Nations Command, 1945 - 1960

RG 59 General Records of the Department of State, 1763 - 2002

RG 80 General Records of the Department of the Navy, 1804 - 1983

일본 아시아역사자료센터

陸軍造兵廠長官 小須田勝造, 土地買收に関する件(아시아 역사자료센터,
　　　C01004619300), 1939년 8월 10일

仁川陸軍造兵廠, 昭和20年 3月隷下部隊長会同の際状況報告　昭和20年
　　　3月 1日　仁川陸軍造兵廠(2), 1945년 3월 1일(아시아 역사자료센터
　　　C14010849200)

治安情報(12号) 3. 富平地区(憲兵報), 1945년 8월 29일(아시아 역사자료센터
　　　C13070014400)

2. 정기간행물

동아일보, 조선일보, 경향신문, 노컷뉴스

3. 단행본

『韓國戰亂 一年誌』, 1951

Ⅱ. 2차 자료

1.단행본 및 논문

김태우, 『폭격』, 창비, 2013년

박진홍, 『돌아온 패자』, 2001년

수잔 손탁, 『타인의 고통』, 이후, 2004년

인천직할시사편찬위원회, 『인천시사』상, 인천;인천시사편찬위원회, 1993년

제주4·3사건진상규명 및 희생자 명예회복위원회, 『제주4·3사건 진상조사 보고
　　　서』, 2013년 12월 15일

진실화해를위한과거사정리위원회, 「서울·인천지역 군경에 의한 민간인 희생사
　　　건」, 『2010년 상반기 조사보고서』 3권, 2010년

Bruce A. Ellem, Naval power and expeditionary warfare : peripheral
　　　campaigns and new theatres of naval warfare, London : Routledge, 2010

NEER, Robert M. Napalm An American Biography. Cambridge; MA and
　　　London; England: Harvard University Press, 2013

Major Michael J. Dolan, 「NAPALM」『Military Review』, Volume 33, SEPTEMBER
　　　1953

Ⅲ. 증언

증언, 임관택(91세), 2018년 8월 21일, 파주시 평화동산

증언 이덕교(포로 번호 200246번, 1933년생), 미국 캘리포니아 거주, 2020년 2월
　　　27일

Ⅳ. 해외기록물 관련 온라인 데이터베이스

미국 NARA 온라인 카탈로그(https://catalog.archives.gov)

맥아더문서관(https://www.macarthurmemorial.org)

트루만도서관(https://www.trumanlibraryinstitute.org/search)

국사편찬위원회 전자사료관(http://archive.history.go.kr)

국가기록원(http://www.archives.go.kr/next/viewMain.do)

국립중앙도서관 해외한국관련 기록물(https://www.nl.go.kr)

군사편찬연구소(https://www.imhc.mil.kr)

고려대 한국사연구소 한국근현대영상아카이브(http://kfilm.khistory.org)

1950년

6. 25 한국전쟁 발발

6. 26 05:00 주한미국인 여성과 아이들 부평기지창 집결

6. 26 10:00 북한지역 피난민, 인천공회당 등에 피난

6. 26 18:00 북한인민군 전초부대, 김포 문수산 진출

6. 26 19:00 라인홀트호 인천항 출발(682명 승선)

6. 29~7. 3 인천지역 경찰, 보도연맹원 및 요시찰인 예비검속 뒤 학살

7. 4 07:40 북한인민군, 인천 점령

7. 4~9. 14 인천 부평기지, 북한인민군에 점령

7. 27 F-51머스탱 전투기, 인천역 철도 차량과 가스저장소 폭격

8. 5 07:30 214대대 F4U-4B 7대, 인천항에 폭격 및 기총 소사, 20~40명 학살. 인
천 서쪽에 네이팜탄 투하

8. 6 B-26 20대, 시울-인천지역에 폭격

8. 16~17 B-26 23대와 해병대 함상 전투기 2대, 서울과 인천지역에 폭격

8. 18~9. 30 해군 육전대 및 첩보대, 해양공사요원, 덕적도 영흥도 주민 30~30명
학살

8. 19 대청도, 한국군 탈환

8. 20 연평도, 한국군 탈환

8. 24 피난민 구호대책 요강 발표

9. 7 5공군 경폭격기, 인천 및 평택에 차량과 철로 폭격. 343대대 6대, 철교 2곳
폭격.

9. 8 한국군, 연평도 재탈환. 96기동부대, 인천과 강화도 일대에서 해안 경비정
작전 중 인천 남서쪽 서해안 섬들 함포사격

9. 10 미해병대 214전투공격기대대 8대와 323대대 14대, 월미도 주거지 등에 폭격해 약 100여 명 학살

9. 13~15 미군, 월미도 및 인천시내 융단폭격 및 기총 소사, 폭격기 출격 189차례 뒤 상륙

9. 14 월미도포로집결소 개설

9. 15 인천소년형무소에 2임시포로수용소 개설. 훗날 전체 4개 수용동 건설

9. 16 인천지역 좌익세력, 동인천경찰서 유치장에서 35명 학살, 약 50명 부상

9. 21 90기동전단 항공지원단, 인천지역 공습

9. 22 미군, 인천에서 재차 공습

9. 26 한국군, 소청도 재탈환. 3병참기지사령부, 인천항에 도착

9. 27 부평기지, 전투지휘사령부

10. 26 인천, 전소 가옥 6,660호, 반소반파 2,200호, 구호 대상자 80,000명

12. 8 주한유엔민간원조사령부 경기도팀 조직

12. 13 미1군단, 작전계획 32호에 서울시민 대피령

12. 19 옹진과 연안, 배천 피난민 2,328명이 인천에 도착

12. 경인군경합동수사본부, 인천 내 부역자들을 소월미도, 덕적도, 팔미도 등지에서 학살

1951년

2. 10 부평기지 재가동

2. 11-12 연합군, 인천 재탈환

2. 13 인천시 부두노동조합원과 미군, 인천항 재건공사 투입

2. 20 인천시민 4할 시로 복귀

2. 24 미군 초기 피해조사 완료. 인천, "황폐한 상태"

3. 11~17 8201부대, 인천지역 미군 폭격으로 주택과 건물 파괴 18.4%, 복구 가능

한 손상 8.3%로 전체 26.7% 집계

5. 인천구호병원 설립(의사 3명, 간호사 7명, 병상 40개)

6. 27 인천시 사회계장 등 구호금과 구호물자횡령사건으로 구속

8. 31 인천, 라디오 방송국 설립

9. 주한유엔민간원조사령부 인천지부 조직

1952년

1. 31 인천 소재 고아원, 송육원, 계명원, 동진보육원, 송광육아원 해성보육원 경찰 애육원 선린애육원 보영고아원 설립

7. 12 21항만수송중계사령부 및 인천군사우편 67정비 및 보급단이 인천항에 주둔

8. 19 인천시장, 인천 시내 공·사설 44개 수용소의 41,300여 명에게 중점 구호실시

1953년

3. 3 유엔군 10부평기지포로수용소 설치

6. 18 10부평포로 583명 탈출, 사망 44명, 부상 107명, 체포 75명

7. 4 10부평포로 6논산포로수용소로 이동. 3보슬포포로수용소 중국인민지원군 비송환포로 부평수용소로 이동

1954년

1. 21 중국인민지원군 포로 중 대만 행 포로, 인천항에서 지룽 항으로 출발. 한 척의 배가 다른 선박과 충돌해 43명 중 24명 사망, 19명 부상

1955년

5. 부평기지구역사령부 설립

10. 11 서부구역사령부 설립

1부 떠나는 자, 남는 자, 사라진 자

1장 | 폐허에서 : 두 번의 피난과 복귀

01 미 극동군사령부는 1948년 4월 18일 '스트레처블(STRETCHABLE)', 1949년 2월 23일 'TAILRACE'로 바꾸고 'CULDESAC'로 다시 수정했으며, 1949 7. 19 'CHOW CHOW' 등으로 계획을 수정했다(Bruce A. Ellem, Naval power and expeditionary warfare : peripheral campaigns and new theatres of naval warfare, London : Routledge, 2010, pp. 114-117).

02 Department of State, "Korean Log-June 24-25, 1950", Records of the Bureau of Far Eastern Affairs Relating to the Korean War, 1950-1952 (Lot File 55D128), Entry A1 1256, Box 1-1, RG 59, NARA.

03 Ibid.

04 Naval Historical Center's Operational Archives, "Chronology of the Korean War", 26-27 June 1950; U. S. S. De Haven Deck Logs of June 26-28 1950 ; "Korea Project" of the Division of Historical Policy Research, Lot File 78D174, Entry # 1251, Box No. 1, Comments and New Material, June 26 1950, etc, Entry A1 1251, Box No. 1, RG 59 ; Daily Journals, Assistant Chief of Staff, G-3, Administration Division, G-3 Journal 28 June 50, Entry A1 49, Box 1, RG 554, NARA.

05 이 명부에는 안동 10명, 진해 9명, 청주 18명, 전주 5명, 임실 12명, 개성 8명, 평택 1명, 삼척 1명, 송정리 1명, 순천 12명 등이며 그 외에 부산, 대구, 대전, 원주, 광주, 목포 등지에 많은 미국인들이 거주하고 있고 있음을 알 수 있다. Pusan,

1950, Classified, 1950. 6. 1, Korea, Seoul Embassy, Misc. Classified Records, 1948-55, Entry A1-2847, Box 117, RG 82, NARA.

06 「避難民救護對策萬全」『동아일보』, 1950년 6월 27일.

07 「聯合軍 다시 進擊 淸川江은 避亂民으로 人山人海」『동아일보』, 1950년 11월 9일.

08 United Nations Civil Assistance Command Korea(UNCACK), Adjutant General Section; Unit Reports, 1951-54, Weekly Report, May 1951, Entry A1 1309, Box 92, RG 554, NARA.

09 Ibid. Team Report, 1951~1953, Entry A1 1303, Box 71, RG 554, NARA.

10 「仁川避難民救護에 萬全 負傷 避難民 各病院에 收容」『朝鮮日報』, 1950년 6월 27일 2면.

11 증언, 신원봉, 80세, 강화군 교동면 봉소리 호두포 거주, 2018년 9월 1일.

12 Department of State, Ind. Entry A1 1251, Box No. 1, RG 59, NARA.

13 Ibid, Volume VI.

14 RG 554, Entry A1 49, Box 1, *G-3 Journal, 28/June/1950, 280001K~282400K*.

15 인천직할시사편찬위원회, 『인천시사』상, 인천; 인천시사편찬위원회, 1993년.

16 「엉뚱한 市長說에 混亂 實情모르는 人事任命을 反對」『京鄕新聞』, 1950년 5월 15일 2면.

17 「仁川市長도 拘束 二千萬圓救護金等橫領事件」『朝鮮日報』, 1951년 6월 30일 2면; 「十字軍」『東亞日報』, 1951년 9월 2일 2면.

18 US Army, Pacific, Military History Office, Classified Organizational History Files, History of Korean Conflict Folder #1-2, Preliminary Draft, Part 2, Vol. I, General Hq Support and Participation, 25 July 50 - 30 April 51, Entry A1-2, Box 95, RG 550, NARA.

19 FEAF, G-3 Journal 28 June 50, Daily Journals, Assistant Chief of Staff, G-3, Administration Division, Entry A1 49, Box 1, RG 554, NARA.

20 사회부장관,「避難民疏開及救護要綱送付에 關한 件」(국가기록원 BA0852069), 1950년 12월 15일.

21 United Nations Civil Assistance Command Korea(UNCACK), Weekly Activity Reports, Jun 1951, Unit Reports, 1951 - 1954, Entry A1 1309, Box 94, RG 554, NARA.

22 FRUS 1950, 1465~1466쪽.

23 HQ UNC, Control of Korean Coastal Island, 1952. 1. 1, Operations and Reports, 1951, Entry 17A, Box 16, RG 554, NARA.

24 NATIONAL POLICE REPUBLIC OF KOREA, Refugee Concentrations, Advisory Group to the Republic of Korea (KMAG), Adjutant General, Decimal File, 1948 - 1953, Entry, Box 29, RG 338, NARA.

25 Ibid.

26 「復興의 役徒도 北上」『朝鮮日報』, 1951년 2월 14일 2면.

27 "Special Report, UNCACK Civil Relief Activities in Korea."

28 "Command Report for 1950. 9. 3~1951. 8. 31", Civil Assistance Section Nov, Dec, 1950, Entry A1 179, Box 1437, RG 554, NARA.

29 「每日四千叺搬入」『朝鮮日報』, 1950년 10월 23일 2면.

30 「救濟米」『東亞日報』, 1950년 10월 13일.

31 「特別救護病院」『東亞日報』, 1950년 11월 7일 1면.

32 「水原等地에雲集 緊急한救護策을懇望」『東亞日報』, 1951년 2월 28일 2면.

33 Entry A1 1301, Box 18, 1951 segment: 315 to 319.1, Weekly Activity Report - 11 March thru 17 March, 1951 ; Box 74, Team Records Misc, 1951. 12. 10.

34 Ibid. Staff Section Report for Period 15 October 1950 to 31 August 1951, Entry A1 1301, Box 17, 1951 segment: 300.5 to 314.7.

35 「全燒六千餘戶 仁川의 家等 被害」『朝鮮日報』, 1950년 10월 27일 2면.

36 Ibid. Weekly Activity Report - 11 March thru 17 March, 1951.

37 Ibid.

38 『東亞日報』, 1951년 5월 2·12일 2면.

39 「서울시내환자대전등지에 이송」『東亞日報』, 1951년 5월 3일 2면.

40 『朝鮮日報』, 1952년 8월 24일, 1953년 1월 6일 2면.

41 Weekly Activities Report - 25 March Thru 31 March 1951.

42 Weekly Report, May 1951.

43 Weekly Activities Report, September 1951.

44 Ibid.

45 Team Reports, 1952. 5. 1-15.

46 Team Reports, 1951-1953, Box 76, SWAR-Kyonggi Do.

47 『朝鮮日報』, 1952년 7월 5일, 8월 1일 각각 2면.

48 Weekly Report, April 1951.

49 Team Reports, 1951-1953, Box 76, SWAR-Kyonggi Do.

50 Weekly Report, May 1951.

51 Weekly Report, June 1951.

52 Weekly Activities Report, September 1951.

53 USIS-Korea, "SEOUL INFORMATION CENTER", November 14, 1950, Country Files for Korea, 1953 - 1968, Entry P 370, Box 1, 1958 Korea, RG 306, NARA.

54 Weekly Report, 1-7 July 1951.

55 Team Reports, 1951-1953, Box 76, SWAR-Kyonggi Do.

56 Ibid.

57 Weekly Report, 1-7 July 1951.

58 Weekly Report, September 1951.

59 Weekly Report, August 1951.

60 Weekly Report, August 1951.

61 Team Reports, 1951-1953, Box 76, SWAR-Kyonggi Do, 1952. 1. 15-13.

2장 ㅣ 불타는 인천, 사라진 사람들

01 『노컷뉴스』, 2017년 9월 24일.

02 제주도계엄지구사령부, 군법회의 명령 제20호, 1948년 12월 29일 ; 제주4·3사
    건진상규명 및 희생자 명예회복위원회,『제주4·3사건 진상조사 보고서』, 2013
    년 12월 15일, 451~454쪽.

03 앞의 책, 471~472쪽 재인용.

04 『제주의소리』, 2018년 11월 26일.

05 진실화해를위한과거사정리위원회,「서울 인천지역 군경에 의한 민간인 희생사
    건」,『2010년 상반기 조사보고서』5권, 2010년, 507쪽.

06 진실화해를위한과거사정리위원회, 앞의 책 509~510쪽.

07 RG 554, A1-24, Box 7, G-2, Far East Command, Book No. 1, Line No. 1 -
    117 and Book No. 2, Line No. 81.

08 진실화해를위한과거사정리위원회,「서울·인천지역 군경에 의한 민간인 희생사
    건」『2010년 상반기 조사보고서』3권, 2010년 참고.

09 수잔 손탁,『타인의 고통』, 이후, 2004년, 125쪽.

10 U. S. Navy Marine Corps, The Sea Services in the Korean War 1950-1953,
    15 August 21 September: No, p.11.

11 Major Michael J. Dolan,「NAPALM」『Military Review』, Volume 33,
    SEPTEMBER 1953, p.13.

12 NEER, Robert M. Napalm An American Biography. Cambridge; MA and
    London; England: Harvard University Press, 2013. p.195.

13 FAF Operation Analysis Office "Operation Analysis Office Memorandum, Incidence of Targets in Close Support and Interdiction Attacks.", 1951. 5. 21, p.41 ; 김태우,『폭격』, 창비, 2013년, 206쪽 재인용.

14 김태우,『폭격』창비, 2013년, 207쪽 재인용.

15 진실화해를위한과거사정리위원회, 「월미도 미군폭격 사건」, 19쪽.

16 진실화해를위한과거사정리위원회, 앞의 보고서, 20~21쪽.

17 AIR ATTACK REPORT, (Red Folder 547) VMF-214, Air Attack Reports, 8/29/1950-2/8/1951, Entry A-1 247, Box 53 ; (Red Folder 547) VMF-323, Air Attack Reports, 15 August-20 September 1950, Box 58, RG 313, NARA.

18 Lt. Gen. John R. Hodge Official File, 1944-48, Record of Reserve Officer, Schaeffer, Robert Owen; List of Papers, File No. 602; File No. 628, Entry A1-1392, Box 261, RG 554, NARA.

19 Allocation of Real Estate, Wolmi-do Island, 10 August 1953, Entry A1-1355, Box 209, RG 55, NARA.

20 『韓國戰亂 一年誌』, C54~55쪽.

21 「징발에 관한 특별조치령」에는 "제2조 징발 또는 징용은 징발관이 발행하는 징발영장 또는 징용영장으로서 이를 행한다."라고 정의하고 있다. 여기서 징발관은 국방부 제1국장, 특명의 사령관, 육·해·공군총참모장, 군단장·사단장·위수사령관인 독립단대장, 통제부사령장관 경비부사령관 및 해병대사령관, 비행단장 등이다. 제4조에는 "징발영장은 징발목적물의 소유자의 주소를 관할하는 도지사·시장·경찰서장·읍·면장에 교부하며 이를 집행케 한다."고 명시하고 있다. 「징발에 관한 특별조치령 시행령」제5조에는 다음과 같이 적고 있다. "令 제4조 1항 단서의 '긴급을 요하는 시'라 함은 다음 각 호의 1에 해당하는 경우를 말한다. 1. 전투로 말미암아 행정기관 또는 선박회사 사장이 당해 징발 목적물의 소재지 또는 피징용자의 주소지에 없는 때. 2. 사태 긴급하여 행정기관 또는 선박회사 사장으로 하여금 징발 또는 징용을 집행케 할 여유가 없을 때."(『韓國戰亂 一年誌』, C53쪽)

22 『韓國戰亂 一年誌』, C58쪽.

23 이희환, 「인천상륙작전에 가려진 월미도 원주민들의 아픔」, 『황해문화』 68, 2010
년 9월, 새얼문화재단, 244~260쪽 ; 한인덕, 「63년 전의 월미도 미군폭격, 아직
도 피난 중인 원주민들」, 『황해문화』 81, 2013년 12월, 209~220쪽.

24 Fifth Air Force, INCOMING MESSAGE, 1950. 7. 22, Deputy Chief of
Staff for Operations, Far East and Pacific Branch, Korean Message File,
CINCFE SITREPS for July 1950, RG 319 ; 350.09 #2 SITREP, 16 July thru 5
Aug, FEC Secret 1950, Entry A1-79A, Box 656, NARA.

25 AIRCRAFT ACTION REPORT, 1950. 8. 5, (Red Folder 547) VMF-214,
Aircraft Action Reports, 8/3/1950-8/29/1950.

26 JOINT SITINTREP NO. 42, 051200Z to 061200Z, 1950. 8. 6.

27 JOINT SITINTREP NO. 53, 161200Z to 171200Z, 1950. 8. 17.

28 1st MAN, MAG-12, VMF-323, UNIT OIACY 1-30 Sept. 1950, Box 4, RG
313.

29 INCOMING MESSAGE, 1950. 9. 16.

30 「死亡者만 二萬名 尤甚한 畿內의 戰災」, 『東亞日報』, 1950년 11월 16일 2면.

2부 수용에 갇힌 포로와 미군기지

3장 | 포로들이 갇히다

01 ICRC, Internal economic, industrial, and social affairs : report of the
International Committee of the Red Cross and Prisoners of War(the
visiting report on camp situation), Jul. -Dec. 1950, Central Decimal Files,
1910 - 1963, Entry A1 205A, Inchon—BASE POW TRANSIT STOCKADE,

1950. 9. 30.

02 American Consulate, Internal economic, industrial, and social affairs : report of the International Committee of the Red Cross and Prisoners of War(the visiting report on camp situation), Jul. -Dec. 1950, Entry A1 205D, RG 59, NA. 별도의 각주가 없는 경우 해당 문서이다.

03 "Essays by Prisoners of War," Essay No. 1, 1953년 10월 19일(3급 비밀).

04 증언, 임관택(91세), 2018년 8월 21일, 파주시 평화동산.

05 UNCACK, Weekly Report, November, 1951. 11. 1, Entry A1-1309, Box 99.

06 "Essays by Prisoners of War," Essay No. 1, 1953년 10월 19일(3급 비밀).

07 증언 이덕교(포로 번호 200246번, 1933년생), 미국 캘리포니아 거주, 2020년 2월 27일.

08 미 해병의 헬리콥터 항공대. HMR-161 항공부대는 1951년 1월 15일 캘리포니아 엘 토로에서 창설되어 같은 해 8월 15일 한국전에 파견된 세계 최초의 수송 전문 헬리콥터 항공대였다.

09 Release of Real Property, "Charlie Pier and Charley Anchorage", "E" Area, Camp Inch'on, Korea, Req. #588, RG 554.

10 RG 389, Department of Defense. Department of the Army. Office of the Provost Marshal General. Prisoner of War Operations Division. Operations Branch. 9/18/1947-ca. 1970, entry A1 452-B, "Security Classified General Correspondence, 1942-1970."

11 박진홍, 『돌아온 패자』, 2001, 211쪽.

12 육본 인참부, 『포로관계 참고철』, 1953-1954.

13 한국전쟁기 중국인민지원군 중 대만 행을 선택한 포로들의 이야기와 연구는 다음의 책이 참고가 된다. David Cheng Chang, Thr Hijacked War: The Story of Chinese POWs in The Korean War, Stanford University Press, 2020.

01 陸軍造兵廠長官 小須田勝造, 土地買收に関する件(아시아역사자료센터, C010046 19300), 1939년 8월 10일.

02 仁川陸軍造兵廠, 昭和 20年 3 月隷下部隊長会同の際状況報告　昭和 20年 3 月 1 日　仁川陸軍造兵廠(2), 1945년 3월 1일(아시아역사자료센터 C140108 49200).

03 治安情報(12号) 3. 富平地区(憲兵報), 1945년 8월 29일(아시아역사자료센터 C130700 14400).

04 RG 407, Command Reports, 1949 - 1954 [Entry NM3 429], LOGO-3, Vol. 1, Historical Report - 3rd Logistical Command (B), September 1950.

05 Ascom City, Korea, 1957. 5. 29, RG 550, Entry A1-1, Box 224, NARA.

06 RG 550, A1-2, Box 98, 8th U. S. Army, Roll-Up Operations in Korea, Vol. I, II, III, 1954-1955.

07 I Corps, List of Rear Installations for Preparation of Revised Preliminary Master Plan, 1957. 12. 2, Daily Journals, 1/1955 - 12/1955, RG 338, Entry A1 315, Box 87, NARA.

08 Organization Planning, 1959, RG 336, Entry A1 16, Box 1, NARA.

09 312, EUSA, Gen. Griffin, General Correspondence Files, 1957 - 1958, Entry A-1 278, Box 159, RG 338, NARA.

10 Michael E. Krivdo, "Creating an Army Guerrilla Command, Part One: The First Six Months," Veritas 8, no. 2 (2012), 12-26.

11 Frederick W. Cleaver, George Fitzpatrick, John Ponturo, et al., "UN Partisan Warfare in Korea, 1951-1954" (AFFE Technical Memorandum ORO-T-64, Johns Hopkins University: Operations Research Office, 1956), 67.

12 RG 313, A1-257, Box 2, 1ST MAR DIV OPN PLAN 9-54, 1954년 6월 13일.

13 RG 331, A1-257, Box 2, Defense of KANGHWA-DO ISLAND, 1954년 1월

30일, 5월 25일.

14 인천방어 임무 실행기 외, 1950, Entry UD 300-C, Box 88, RG 242.

15 Adjutant General's Office, Allocation of Real Estate, Wolmi-Do Island, 25 NOV 1953, RG 338, Entry A1-133, Box 871, NARA.

16 FEC, 601 - 602, RG 554, Entry A1- 1335, Box 209, NARA.

17 「중립위철수하라」『경향신문』, 1954년 8월 2일 2면.

18 UNC, NNSC Anti-Demonstrations in ROK, August 1955, RG 554, A1-1267, Box 3, NARA.

19 『東亞日報』, 1959년 5월 15일 3면 ; 1962년 5월 11일 3면.

20 『경향신문』, 1963년 1월 24일 7면.

5장 | 원조와 기지의 역사

01 AFAK [Armed Forces Assistance to Korea] Project Completion Reports, FY 55: October 1954, Project Files, 1954 - 1963, Entry A-1 255, Box 2202, RG 469.

02 Ibid. AFAK [Armed Forces Assistance to Korea] Project Completion Reports, FY 56: June to October, 1955.

03 RG 338, 014 Civil Matters (AFAK), 1955, A1-184, Box 1484.

04 601 Real Property (Houses, Lots, Office Building, Release of Property), 1955, A1-184, Box 1486, RG 338, NARA.

05 Non- military Country Program: Inchon Port Rehabilitation, 1959년 2월 26일, Korea Subject Files, 1950 - 1961, Entry UD 478, Box 23, RG 469, NARA.

06 Traffic Study - Inchon, 1960, A1 562, Box 24-2, RG 286, NARA.

07 RG 286, A1-559, Korea Subject Files, FY 61-63; Acc. #68-E-3820, Box 92-1

Program - AFAK, Jan 1961.

08　MAP 3 Civic Action, A1-599, Box 107, RG 286.

에필로그 : 인천 평화를 이야기하다

01　Galtung, Johan. 1996, Peace by Peaceful Means: Peace and Conflict, Development and Civilization (London: Sage), p.33.

02　서보혁, 「한국 평화연구의 현황과 과제」『한국과 국제정치』제31권 제2호 통권 89호, 경남대학교 극동문제연구소, 2015년(여름), 128~131쪽.

저자 소개

전갑생

1971년 경남 거제 아양리 관송에서 태어나 유년 시절부터 한학과 역사에 관심을 가졌다. 성장한
뒤 지역 노동과 시민사회운동에 활동하다가 대학에서 국문학과 한국현대사를 전공하고 서울대
사회발전연구소 연구원, 성공회대 동아시아연구소 냉전평화센터 선임연구원과 한국냉전학회
이사 등을 맡아 학살과 수용소, 계급과 국가폭력 연구를 계속 이어가고 있다.
지금까지 한국전쟁 전후 민간인학살과 수용소, 지역역사 외에도 최근 들어 전쟁심리전과 국군
귀환포로 등 국가폭력과 전시 폭력 관련 논문과 공저서를 내었고 미국, 유럽, 아시아 주요 국립
기록관이나 공문서관 등에서 한국근현대사 자료들을 수집해 연구를 확장하고 있다.

인천과 한국전쟁 이야기

한국전쟁 70년, 평화를 묻다

초판 1쇄 인쇄 2020년 09월 25일
초판 1쇄 발행 2020년 10월 13일

지은이 전갑생
기 획 인천문화재단 인천문화유산센터
펴낸이 최종숙
펴낸곳 글누림출판사

책임편집 이태곤 | **편집** 문선희 권분옥 임애정
디자인 안혜진 최선주 김주화 | **마케팅** 박태훈 안현진

주소 서울시 서초구 동광로46길 6-6(반포4동 577-25) 문창빌딩 2층(우06589)
전화 02-3409-2055(대표), 2058(영업), 2060(편집)
팩스 02-3409-2059 | **전자우편** nurim3888@hanmail.net
홈페이지 www.geulnurim.co.kr
블로그 blog.naver.com/geulnurim
북트레블러 post.naver.com/geulnurim
등록번호 제303-2005-000038호(2005.10.5)

정가는 뒤표지에 있습니다.
ISBN 978-89-6327-623-6 04080
        978-89-6327-545-1(세트)